U0075527

如是說佛

——它是宗教，也是文明

前言

中華佛教，舉世聞名。

然而，當您來到洛陽龍門石窟，仰望盧舍那大佛那滿臉不可言喻的微笑，您可曾想到：在這微笑背後，蘊涵著什麼樣的內心世界？是仁慈博愛，對眾生苦難的深切同情，還是靜觀默思，早就看破滾滾紅塵，洞察人間一切鬧劇。

當您步入扶風法門寺，審視那令人難以思議的佛指舍利，流覽早已發褐變脆的貝葉經卷，您可曾想到：古往今來，為什麼會有這麼多人，前來瞻仰這些奇奇怪怪的東西？成千上萬的善男信女，在這裡奉獻出自己最大的虔誠。就連一向敢於向一切傳統思想教條挑戰的毛澤東，對佛教也格外尊重。譬如，當他的衛士說佛教是迷信，有什麼好看的時候，他說：「片

面，那是文化。」在他的臥榻之側和外出巡視所攜帶的書籍中，總有一部禪宗六祖慧能說法的《壇經》。

所以，無論您信不信佛，您都得承認，佛教在中國是巨大的存在，而且它一直在固執地傾訴著什麼。如果您進而想到，在您讀《西遊記》、《金瓶梅》和《紅樓夢》時，發現其中暗藏的主線和靈魂，其實不是別的，正是典型的佛家意味；想到人們祈盼的世界和平、莊嚴國土、拯危濟困、救死扶傷之類的美好願望，原來均直接間接地出自佛家語；想到佛教在學術上的不朽價值，較多地體現爲對人類思辯能力的深化與提高；想到歷史上每次佛教與政治的對立和衝突，則標誌著動亂和不安；想到佛教既然是伴隨著人類文明誕生的，在中國也已流傳了兩千年，那它就不會半途辭別華夏而去……您就能以更爲客觀、更爲冷靜、更爲主動、更爲睿智的態度看待佛教，並爲中華佛教這一世界上最爲光輝燦爛的佛教文化而自豪。

由十八萬文字、五百幅圖版構成的《如是說佛——它是宗教，也是文明》，就是基於上述考慮來編撰。筆者想來想去，無非想盡量以文化爲本位，從十個方面略作介紹，以求幫助讀者瞭解中國佛教文化的基本形態是什麼，取得過哪些重要成就，與中國整體文化的關係如何，曾對中國的社會歷史和世道人心產生怎樣的作用和影響。凡此等等，也許都是您需要知道的。

久聞臺灣及海外佛學界，大德雲集，著述豐碩，功濟人間，惠流塵境。筆者不揣譾陋，塗鴉信筆，謹以此就教於諸位。

張曉生2014年孟春於北京

前言

第一章　石破天驚 9

──不可以小覷釋迦牟尼的學說

第二章　妙想玄思 33

──人類認識史上的奉獻

第三章　宏願偉行 63

──發智者風範立行者高標

第四章　移風易俗 93

──看佛陀世容聽經聲佛號

第五章　伽藍浮圖 123

──曠世奇觀的輝煌與神秘

第六章　絢彩祥光 159

——這真是一段美的歷程

第七章　慈心悲懷 193

——無緣大慈同體大悲

第八章　法運禪風 217

——靈山法會上得來的啟示

第九章　交匯圓融 245

——開闊了中國人的胸襟

第十章　當機日新 277

——弘揚依然在閃光的東西

第一章

石破天驚

—不可以小覷釋迦牟尼的學說

石破天驚
——不可以小覷釋迦牟尼的學說

　　距今兩千五百年前，古印度喜馬拉雅山腳下，一位名叫喬答摩·悉達多的王太子，因為目睹人類生老病死，你爭我奪，心靈深受震驚，於是決定離家出走，去尋求解脫人世苦難的途徑。據說，經過長達六年的顛沛流離、冥思苦想之後，在一棵菩提樹下，他終於完成了對人類一切苦難的根本思考，他本人也修成具有無上正覺的佛陀。在古印度波羅奈城的鹿野苑，佛陀第一次向弟子說法，佛教從此形成。這位王太子，就是佛教創始人——釋迦牟尼。

　　以往，一提到佛教，有人就會

說，不就是燒香磕頭、求神拜佛那一套嗎？某些名位甚高的理論家、學問家，甚至曾用謾罵的口吻，來談論佛教。儘管他們說的或罵的，也許並非全無道理，卻都有點把佛教看得簡單化了。

一般說來，佛教與人們的迷信觀念、神靈崇拜確實相關，它的消極作用，正表現在這裡，但又不能簡單地等同於這二者。因為，當一種宗教，不僅愚昧者對之膜拜，智慧者也為之傾心，古老的啓示已標懸千載，卻一再引出新的詮釋，那就可以斷定，這宗教學說裡面，必有人類智慧的靈光。乃至不妨這樣說，宗教作為一種成熟的意識形態，是文化發展到一定階段的產物。大而言之，它可以被認為是人類活動的一種方式，是一種特殊的文化形式，具有極寬廣的文化涵蓋功能。宗教，包含著哲理思辯、人生理想、倫理觀念、道德意識、政治制度、經濟行為、藝術形式、科學萌芽……在世界各古老民族的歷史上，成熟宗教的出現，無不給予社會文化以極為巨大的影響。佛教之於中華文化，也是如此。

所以，不可以小覷釋迦牟尼的學說，它是對宇宙和社會追根問底的思考，體現了古代人類對自身命運的深切關注，也展示了佛陀的大智慧。它是宗教，也是文明。

有一個很有趣的現象：佛教原來產生於印度和尼泊爾，現在在印度，

當一種宗教，不僅愚昧者對之膜拜，智慧者也為之傾心，古老的啓示已標懸千載，卻一再引出新的詮釋，那就可以斷定，這宗教學說裡面，必有人類智慧的靈光。佛教之於中國，正是如此。

釋迦牟尼鹿野苑初轉法輪，肯定是在露天弘法。圖中某些建築痕跡，不過是後世所建寺院的遺存。

它實際上幾乎不存在了，現在印度的一些佛教組織，是後來又人為地創辦起來的，沒多大影響。為什麼會這樣？存在各種各樣的解釋，什麼伊斯蘭教的傳入呀，印度教的復興呀，等等。其實，真正的原因，在於印度人民已經不再需要它，他們已經有了代用品。而在中華大地，這種需要不僅早就存在，後來一直存在，現在仍然需要。這也是不以任何人的意志為轉移的。

佛教何時傳入中國？曾經有三代以前、春秋戰國、秦等多種說法。這多是出於佛教徒為與道教爭奪地位而編造的奇談怪論，不足為信。比較可靠的時間，大概是在兩漢之際，約西元一世紀。

據《理惑論》、《後漢書》、《洛陽伽藍記》等古籍記載，西元六十五年，漢明帝夢見西方之佛，便興趣盎然地派出十幾位使者，前往天竺求取佛經佛法。兩年以後，使者歸來了，他們用白馬給中國人馱回一個

陌生的宗教和一個陌生的神。隨同白馬一起來華的，還有兩位深目高鼻的印度高僧，一位叫攝摩騰，一位叫竺法蘭。漢明帝以貴賓之禮接待這兩位高僧，敕令於洛陽城西雍門外為他們修建僧寺。為了紀念白馬馱經之功，這座僧寺被命名為白馬寺。在白馬寺中，兩位印度高僧，長期譯經傳教。從此，佛光流傳，法輪東轉，「中國始有沙門及跪拜求法」。白馬寺，也因此被後世佛教徒尊稱為「祖庭」、「釋源」。

漢明帝「感夢遣使」，這個近似荒誕的故事，它能夠告訴我們什麼呢？若放開歷史眼光去看——西元前二世紀至一世紀，西域大月氏、安息、康居、龜茲、于闐等地，佛教已廣為流行。而此時連接西域與中國內地的著名的「絲綢之路」上，各國使臣、商旅的駝隊，正風塵僕僕，往來不絕。在這種文化背景下，來華的人員中有佛教徒，乃至佛學經師，漢明帝的群臣中有人知曉西域有佛，就非但不足為怪，乃是順理成章的事。毫無疑問，紀元前後，印度和中國這東方兩大民族之間，在積極追求相近似的理性精神需要上，已經應該、而且

可以達成某種默契了。漢明帝所扮演的，不過是心有靈犀一點通的角色，正所謂「一人之心，千萬人之心也」。

但是，一種外來宗教要扎根異邦，贏得信眾，流行開來，還必須有一定的社會歷史條件。

初入中土的佛教，因受傳播媒

漢漢明帝顯節陵遺址。漢明帝，乃中國歷史上少有的清明皇帝，他不但將佛教引入中國，也提倡儒學，注重刑名文法，在位期間吏治整肅，社會安定。

介的限制，以及中國人對它還感到陌生，大致僅在社會上層少數人中流傳。一些王公貴人，俯視遠方來客，想當然地以爲，佛法無非方術，佛陀乃是神仙，於是建樓塔，樹金輪，將佛陀與黃帝、老子供在一起，既誦黃老經書，又學佛門齋戒，沸沸揚揚，卻又胡裡胡塗。有了漢譯佛經，這才開始思索佛說的真諦。

東漢末年的社會境況，爲佛教的傳佈提供了有利條件。漢和帝以後，外戚、宦官交替專政，政治腐敗，社會黑暗，加之天災不斷，瘟疫流行，民不聊生，揭竿而起的黃巾之亂，又在豪強地主的血腥鎮壓下歸於失敗。在這種境遇下，痛感人生悲苦，渴求安寧生活，成爲普遍的社會心理。而佛教教義，以如何解脫人生苦難爲基本命題，正應對了社會一般成員的需要。它所宣揚的「十二因緣說」、

河南洛陽白馬寺，佛教最早立足漢地的象徵。

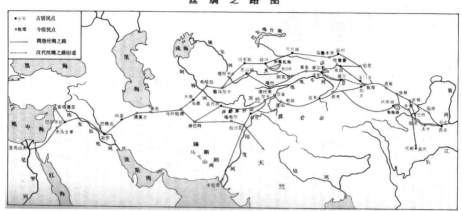

丝 绸 之 路 图

張騫當年開闢的絲綢之路，為佛教傳入中國，提供了地理認識上的可能。

「業報輪迴說」等宿命論觀點，又為他們提供了在苦難中掙扎的精神慰藉。這樣，佛教便開始由上層走向民間，漸次傳播開來。

作為一種宗教信仰，意識形態，佛教的流傳，當然也有思想文化方面的原因。漢魏之際，儒家名教學說式微，經學頹敗，讖緯消亡，自西漢武帝以來形成的儒術獨尊的局面，已不復存在，出自《老子》「玄之又玄，眾妙之門」的玄學興起。玄學消極無為、悲觀厭世的思想基調，恰與佛學有相通之處，這也是佛教流行的有利條件。

佛教真正在中國大流行，還是在東晉南北朝。東晉南北朝是中國歷史上一個血淚橫飛的時代，無論是北方，還是南方，都戰亂不已。社會各階層人們，普遍有一種「人命若朝霜」、「人生若塵露」的「憂生之嗟」。強烈的生命憂患，催動人們往四面八方去找尋安身立命之處。玄學的興起，為相當一部分士人開拓出超越有限進入無限的玄妙之境。道教的展開，使人們在對「神仙樂園」的嚮往和「學道，可得長生」的信念中，得到精神滿足。東來的佛教，此時經過二、三百年的發育，更為人們闢出了精神解脫的新天地。

首先，這時的佛教，已經很明確地樹立了大慈大悲、聲稱能把人們從危難與苦痛中解救出來的威力無邊的「救世主」，這便是觀世音菩薩、地藏菩薩、彌勒佛、阿彌陀佛等菩薩和

佛。佛教宣揚「若有無量百千萬億眾生諸苦惱，聞是觀世音菩薩，一心稱名，觀世音菩薩即時觀其音聲，皆得解脫」，這對於深陷苦難中的民眾，不啻為絕望中的光明。

佛教向中國社會奉獻出它解除「憂生之患」的第二件法寶，是也更為明確了的「輪迴」說。「輪迴」說以為，人死是必然的，但神魂卻不滅，人死後不滅的神魂，將在天、阿修羅、人、畜生、餓鬼、地獄中輪迴，隨時又受形變成另一種形態，而來生的形象和命運，則由「善惡報應」的原則支配，即「此生行善，來生受報」，「此生作惡，來生必受殃」。與玄學、道教相比較，佛教「輪迴」說在解除生命憂患上，自有獨到療效。它使人們對現世的死亡不

佛教在魏晉以後迅速走向繁榮，絕非偶然。佛教世界觀給人們描繪了一個幸福和諧的彼岸世界，但現實社會卻不是這樣，充滿了爾虞我詐，你死我活。在這種情況下，倘若中國士大夫只有入世的思想準備，沒有出世的精神逃路，只有積極進取的熱情，沒有消極退隱的可能，只有殺身成仁的義務，沒有保全天年的權力，只有兼濟天下的責任，沒有獨善其身的自由，他們就無法排遣心靈上的苦悶。

那麼恐懼，而有一種「二十年後，又是一條好漢」的希望。它強調來生形象與命運由今世善惡決定，就會使人們以為，今世的苦痛是前世的惡行的報應，從而不得不認命，並進而為來世的好運作善的努力，騷動情緒大為消除。「輪迴」說關於生死問題的新解釋，確曾使當時的人們耳目一新，「觀生死報應之際，莫不瞿然自失」。就是那些自以為什麼都看透了的高人，如竹林七賢者流，也不禁重新產生疑惑，紛紛「竭財以趣僧，破產以趨佛」。

五臺三月看杏花。中華民族自古就有崇尚自然、與自然為伴的傳統，佛教正是利用這一心理，選擇山青水秀的地方建造佛寺，以求取更多信眾的皈依。久而久之，隨著朝山進香的百姓日漸增多，寺廟盛名遠播天下，寺廟附近的山川，也染上佛教色彩，人為地憑添幾分靈性。

這時，不僅上層貴族、下層民眾中信佛者大有人在，南北朝諸位帝王，均多信奉佛教。刻於洛陽龍門石窟賓陽洞中的「帝后禮佛圖」，生動地表現出這樣一種宗教熱忱：北壁的北魏孝文帝頭戴冕旒，手持熏爐，在擎寶蓋執羽葆的侍從們的簇擁下，向南行走，南壁的文昭皇后則頭頂華

冠，在十餘名侍女簇擁下向北行進，兩列禮佛隊伍，南北朝向，嚴謹對仗，畫面佈局華麗，氣氛濃烈。

在北魏帝王的推動下，北魏都城洛陽，城中佛寺竟達一千三百六十七座。建於北魏熙平元年（五一六年）的永寧寺，規模宏大，僧房樓殿達一千餘間，寺中心有九層方形木塔一座，高四十餘丈，與埃及金字塔不相上下，寺塔上懸金鐸一百二十枚，每逢夜晚有風，「寶鐸和鳴，鏗鏘之聲，聞及十餘里」。據說，來自印度的菩提達摩到洛陽後，看見永寧寺金盤眩目，光照雲表，寶鐸含風，響出天外，亦不由得「口唱南無，合掌連日」，贊嘆不已。當時印度的佛雕藝術，也順隨佛法弘揚之旅，在高昌、在庫車、在敦煌，在麥積山、在雲岡、在龍門覓得立足之地，構成一條輝煌而綿長的佛教石窟寺藝術錦帶。

南朝佛教，憑借梁武帝一類佞佛帝王的倡導，聲勢同樣大為煊赫。《南史・郭祖深傳》記載：「郡下佛寺五百餘所，窮極宏麗。僧尼十餘萬，資產豐沃。」唐朝詩人杜牧，更有「南朝四百八十寺，多少樓臺煙雨中」的名句，展現了六朝江南佛風的瀰漫。

這還只是在講由西域北傳中國內地的大乘佛教。此後不久，佛教還有一支傳入中國西藏地區，形成藏傳佛教，另有一支經斯里蘭卡傳入中國西南傣族等少數民族聚居區，為小乘佛教。藏傳佛教的修行，更講究苦思冥想，神秘性極強。它歷來是全民信奉，政教合一，雖屬北傳佛教的範圍，又顯然有其鮮明的獨立性。南傳佛教沒有藏傳的奇

六朝時的江南，佛風究竟瀰漫到什麼程度？僅去看史料，已很難揣度。倒是唐代詩人杜牧的那首著名的《江南春》詩，千百年來留給後人無盡遐想：「千里鶯啼綠映紅，水村山郭酒旗風。南朝四百八十寺，多少樓臺煙雨中。」那該是一派多麼令人眩目的景象。

異，也沒有漢傳的恢宏，它的特色是絢麗清新。倘若你沐浴著南國清風，佇足在景洪曼飛龍塔前，看它那九塔佈局，仰望高聳入雲的塔剎，定會有這樣的感受。

與佛教迅速播揚的同時，由鳩摩羅什領導的翻譯佛經的事業，也大規模展開。其譯文的準確，選擇經論的見識，翻譯的技巧，均比以前大有進步，在此基礎上，眾多佛教學派，如涅槃、成實、三論、毗曇、地論、攝論、楞伽等派，先後確立。凡此種種，無不表明來自南亞次大陸的佛教，已躋身於中國文化系統，成爲與儒學、道教鼎足而立的一支意識形態。

這裡必須指出，佛教文化以一種異質文化進入中國文化系統，其傳播決不可能從一開始就暢通無阻。它不僅要受到地理環境和傳播媒介等客觀條件的制約，而且受到中國本土文化的強大排拒。隨著佛教勢力的日益壯大，佛教文化與中國本土文化的衝突，日益顯現，日益激烈。當若干政治經濟因素介入其間，衝突甚至以爆發性的對抗出現。

佛教與中國本土文化的衝突，往往凝聚於倫理綱常和夷夏之辯兩大焦點。

倫理綱常是中國傳統文化的內核，它不僅構成中國政治統治的精神支柱，也是各類文化觀念的出發點。然而，佛教最初在這一切關宏旨的問題上，卻顯得「無君無父」，表現出一種逆反性，與儒家忠孝倫理觀念發生極大衝突。因爲在中國倫理

佛教宣揚「若有無量百千萬億眾生諸苦惱，聞是觀世音菩薩，一心稱名，觀世音菩薩即時觀其音聲，皆得解脫」。這對於深陷苦難中的民眾，不啻爲絕望中的光明。

佛教的無常觀念，蘊藏著極深的智慧。佛教認為無常的世界，是「成住壞空」的過程，無常的萬物，是「生住異滅」的過程，無常的人生，是「生老病死」的過程。總之，無常意味著刹那生滅，瞬息萬變，世界上沒有任何永恆的固定的事物。

觀念中，「孝」為關鍵。《孝經》稱：「孝者，德之本也。」又說：「夫孝，天之經，地之義也，民之行也。」「孝」的根本原則，是「善事父母」。因此，子女必須珍惜自己的身體，「身體髮膚受之父母，不敢毀傷，孝之始也」。子女還必須努力繁衍後代，因為「不孝有三，無後為大」。佛教徒出家要剃除鬚髮，又受「不淫邪」之戒，不得婚配，更要宣稱將自己的身心

性命皈依佛門。如此宗教傾向，當然為恪守孝道的儒家文化所不容。由孝引伸開去，佛教與中國文化的衝突，在「忠」這一敏感觀念上，也激烈展開。佛教素有「不敬王者」的傳統，認為出家人為「方外之賓」，與現世社會不再有聯繫，自然就不該再受世俗禮法道德約束，「以君為綱」的原則，也不該加於佛門之上。這種破壞王教一統格局的思想，不招致儒家抨擊才怪。

夷夏之辯的觀念，產生於春秋時代，所謂「裔不謀夏，夷不亂華」。後經《公羊傳》發揚，又衍化成「內諸夏，外夷狄」的本土文化總綱，顯示出一種文化的排他性。佛教自外域傳來，理所必然地同「夷夏之辯」理論發生衝突。

進入中國文化系統的佛教，此外還受到中國本土無神論思想的挑戰。東晉以來，孫盛、何承天就撰文批評佛教的神不滅論思想。到了齊梁之際，范縝作《神滅論》，系統地提出形質神用理論，指出形體是質，即實體，精神是形體的作用，形亡神滅，給佛教神不滅論以沉重打擊。後來，又有許多人，分別從理論、政治、歷

史、經濟、文化等各個角度，對佛教展開抨擊，指斥佛教虛妄不真，不合古法，有礙國政，有乖華俗，愈發顯示出本土文化對外來佛教文化的排拒。

在這強大的排拒力面前，佛教文化表現出驚人的調適性，即積極依附、融合本土文化思潮，改變自身面貌，以適應中華文化的生態環境。

魏晉時期，玄學興起，佛教學者不但在佛理上附會玄學，在生活風貌上也模仿魏晉名士風度，口誦「阿彌陀佛」的僧人，竟然也大醉路旁，玄風翩然。在傳播方式上，佛教注意從民間藝術中汲取營養，十分高妙地採用投其所好的手段，針對受眾身份修

六道輪迴，是佛教向中國社會奉獻出它據說可以解除憂生之患的一大法寶。輪迴說以為，人死是必然的，但神魂卻不滅，人死後不滅的神魂，將在天、阿修羅、人、畜生、餓鬼、地獄中輪迴，隨時又受形變成另一種形態。而來生的形象和命運，則由善惡報應的原則支配。這樣，就使人對現世的苦難不那麼在意，對現世的死亡不那麼恐懼，為來世的好運作善的努力，騷動情緒大為消除。

盧舍那大佛那滿臉不可言喻的微笑，蘊涵著什麼樣的內心世界？是仁慈博愛，對眾生苦難的深切同情，還是靜觀默思，早就看破滾滾紅塵，洞察人間一切鬧劇。

養的不同，分別採用不同的內容和形式傳教，從而促成佛教在中華文化土壤上，進一步生根發展。

　　佛教在改造自己宗教哲學、傳播方式的同時，也在政治理論上竭力迎合儒家倫理道德觀念。如佛教主張「眾生平等」的理論，這在等級森嚴的中國社會中，顯然是不和諧的音符。於是，佛教學者將佛教中有關人際關係的說教，根據儒家綱常名教加以調整，積極譯出或製造出頗為豐富的與「孝」有關的經典，如《佛說父母恩重難報經》、《佛說孝子經》等。把「孝」的問題解決了，在中國封建社會，「忠」是「孝」的放大，

素有「以孝事君則忠」的說法，忠的問題也解決了。其實，上述若干佛經，根本不是來自印度佛教基地，而是就地取材於中國「孝」的經典。如《父母恩重經》，便是參照《孝子經》、《盂蘭盆經》而改造成。

　　佛教與儒道，在六、七百年間，衝突，磨合，互融，互攝，到隋唐時代，迎來了輝煌盛世。唐代不但敢以博大的胸襟吸收外域文化，毫無「這麼做即違了祖宗，那麼做又像了夷狄」的「各種顧忌，各種小心，各種

嘮叨」（魯迅語），而且在與世界文化的大交流中，並未喪失其堂堂正正的中華文化特質。南亞佛教在唐代的全面本土化，便是中華文化史上吸取外來文化、消化外來文化的傑出範例。這時期，佛教發展成熟的標誌是：以集大成的姿態，在教理上綜合、融攝各派學說，寺院經濟高度發展，純粹具有中國特色的佛教宗派相繼展開，佛教造像藝術和佛教音樂走向全面中國化，佛經翻譯使中國語言系統注入大量外來語。乃至唐代佛寺，已然既是信仰的載體，同時具有種種社會文化功能。它不僅是美術館，還是博物館，是圖書館，是旅店，是學校，是戲院，是公園。它是文人雅集的沙龍，是學子讀書的靜地，是行人歇腳的驛站，是老百姓的遊樂園，是救濟貧弱的悲田坊。當這些近代的社會文化部門、社會公益設施，還沒有形成、沒有完善的時候，它們的部分職能，正是由天下佛寺承擔著。

前中國佛教協會會長趙樸初先生，在談到佛教與中國文化的關係時說，抹煞佛教文化在中國傳統文化中的地位，抹煞佛教徒對中國傳統文化

佛教最初與中國本土文化的衝突，首先聚焦在綱常倫理上。歷史上，著名的「三武一宗」滅佛，皆因曾認為佛教「無君無父」、「不忠不孝」。在這強大的排拒力面前，佛教表現出驚人的調適性，即積極依附、融合本土文化思潮，改變自身面貌，以適應中華文化的生態環境。

所做的貢獻，這是不公平的，也是不符合歷史實際的。自東漢初年佛教傳入，至今將近兩千年了，它已滲透到中國社會的各個領域，並產生了廣泛的影響。舉個例子來說，語言是一種最普遍最直接的文化因素，我們日常生活中，就有許多用語來源於佛教，比如世界、如實、實際、平等、現行、剎那、清規戒律、生老病死、一針見血、相對、絕對等等，都是來自佛教的語匯。可見，如果我們要完全撇開佛教文化，恐怕連話也說不周全了。

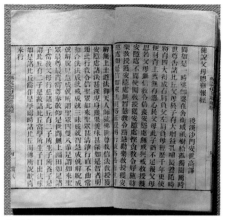

中國傳統倫理中，「孝」為關鍵，有「百事孝為先」的古訓。佛教徒出家，將全部身心皈依佛門，自然為恪守孝道的儒家文化所不容。佛家只好將佛教中有關人際關係的說辭，根據儒家綱常名教加以調整，積極譯出或製造出頗為豐富的與「孝」有關的經典，如《佛說父母恩難報經》、《佛說孝子經》等。在中國古代，「忠」是「孝」的放大，素有「以孝事君則忠」的說法，「忠」的問題也解決了。

　　用今天的眼光來看，佛教本身蘊藏著極深的智慧，它對宇宙人生的洞察，對人類理性的反省，對概念的分析，有著深刻獨到的理解。在世界觀上，佛教認為事物均處在無始無終、無邊無際的因果網絡之中，時刻在運動，在變化，就像塵埃總在飄、水總在流、火焰總在閃爍、風總在吹一樣。佛陀把這種現象，稱作「無常」。「無常」的世界，是「成、住、壞、空」的過程；「無常」的萬物，是「生、住、異、滅」的過程；「無常」的人生，是「生、老、病、死」的過程。因此，在西方學術界中，有人認為佛教是世界上唯一的「無神論」宗教。這種看法，好像不易理解，但佛教教義擺在那裡，就讓人不能不去想。這個道理很簡單，佛教既以「諸法皆空」為教義，當然神也是空的，神既然空，何來創造世界之舉？但是，佛教又認為「業果不空」，「業」即人的有意識的行為活動，這種活動必然要產生一定的結果，這二者都是實際存在的，不能說是空無所有。不過，它們也都屬於緣起和無常的範疇，沒有獨立存在、固定不變的體性，所以也是一種無自性的性空。

　　在社會觀上，佛教的「彼岸」、「涅槃」境界，包含著「眾生平等」的寶貴思想。以「佛性人心」為其理論根據的這個思想的提出，意味著早在兩千多年前，佛教就確認貴族和賤民同是凡人，只要努力修持，奴隸也可能進入「涅槃」。在奴隸制和封建時代，等級身份極為嚴格，「眾生平等」的吶喊，不啻黃鐘大呂，足以震聾發聵。

　　在人生觀上，佛教強調主體的自覺，並把一己的解脫與拯救人類聯繫

起來，認爲沒有眾生的解脫，就沒有個人解脫，所以把「大慈大悲」、「普度眾生」當作基本信條，要求信徒「自利」、「利他」，「自覺」、「覺人」。這個佛門信條，無疑是一種高尚的道德觀念。

佛教信徒修持，在思維方式上，具有內向、自省的特點。通常說的「和尚打坐」，說的就是佛教修持者的形像。佛教認爲，佛性本在自心，只是被各種貪欲迷惑著，修行的人只須關注自己的內心，通過不斷地內省，清除浮雲一樣的邪念，去體悟宇宙人生的真理，就能解脫。佛教的內省式修行，體現著東方的思維特點。它不像基督教要禱告上帝，也不像伊斯蘭教要祈求阿拉，既沒有滴血的十字架，也沒有扛槍的十字軍，它只要求自省內心之佛。這種內省思維方式，講究邏輯性，長於聯想和幻想，大有利於開發人的內心世界。包括中國人在內的東方人，思維縝密，感情細膩，想像力豐富，這是一種高素質的人文心理品格。

佛教徒修行，強調「忍辱」、「慈悲」，強調「莫作惡事」。如果面對醜惡與橫暴，也這樣去強調，當然不可取，因爲那是對「惡」的容忍

古往今來，佛教設施總能成為當地風景輪廓線的標誌。圖為開鑿於西秦年間的甘肅永靖炳靈寺石窟，它腳下是黃河。

西藏布達拉宮遠眺。藏傳佛教歷來政教合一，全民信奉，神秘性極強，雖屬北傳佛教的範圍，又顯然有其鮮明的獨立性。

和放縱。如果不是這樣，而只是作爲一般的行爲道德規範，應該說「忍辱」、「慈悲」、「不作惡」，仍然有積極的意義。如佛門「五戒」，要求不殺生、不偷盜、不邪淫、不妄語、不飲酒，這些戒條，既是對自尊自愛的警示，也要求著對自然、對生命、對他人的尊重，它是對健康人生的期待，是對和諧與寬容的企盼，在社會生活領域，它是對不良行爲的否

定，是對文明生活的呼喚。總之，它有益於人與自然和諧共存，有益於人與人和諧相處。

　　佛教信徒修行，還強調「精進」，就是提倡堅忍不懈、剛毅直進的精神。佛教認爲，發揚「精進」精神，是達到理想境界的重要條件。這

一觀念的提出，表明佛教重視主體的自覺意識，注重激發內在意志力，認爲它對於理想的實現，有巨大作用。「天行健，君子以自強不息」，歷來是中華民族的優秀品格。釋門倡導的「精進」精神，在長期的社會實踐中，同我們堅韌不拔的民族精神、不屈不撓的民族性格，已經融爲一體了。

豈止這些，佛教思想體系發展演變成十多個派別，可謂學術成果燦爛輝煌，對整個中國思想文化，都起到十分深刻和廣泛的影響。

從對文學發展的影響來看：數千卷由梵文翻譯過來的經卷，其中一部份，其本身就是典雅、瑰麗的文學作品。如《維摩詰經》、《法華經》、《楞嚴經》，特別爲歷代文人所喜愛，被人們作爲純粹的文學作品來研讀。魯迅先生曾捐款給金陵刻經處，刻印了一部《百喻經》。這部經所敘述的譬喻故事，今天常常被譯爲語體文，作爲文學作品來欣賞。佛教還爲

南傳小乘佛教，沒有漢傳佛教恢宏，也沒有藏傳佛教神秘，它的特色是絢麗清新。圖爲著名的雲南景洪曼飛龍塔。

中國的文學帶來了新的意境，新的
文體，新的命意遣詞方法。《法華
經》、《維摩詰經》、《百喻經》
等，鼓舞了晉唐小說的創作。般若性
空和禪宗的思想，影響了陶淵明、王
維、白居易、王安石、蘇軾等大文學
家的詩歌創作。

　　再從佛教對文體變化所起的作用
看：我們從敦煌莫高窟發現的各種變
文，可以看出後來的平話、小說、戲
曲等中國俗文學的淵源所自。此外，
還有由禪師們的談話和開示的記錄而
產生的樸素、活潑、自由的語錄體，
後來也被宋明理學家仿效，產生了各

佛寺發展到唐代，已然既是信仰的場所，同
時兼具其他社會功能。它不僅是美術館，
還是博物館，是圖書館，是旅店，是學校，
是戲院，是公園。它是文人雅集的沙龍，是
學子讀書的靜地，是行人歇腳的驛站，是救
濟貧弱的悲田坊。當這些近代的社會文化部
門、社會公益設施，還沒有形成、沒有完善
的時候，它們的部分功能，正是由天下佛寺
承擔著。

種語錄。在音韻學方面，過去中國字
典上通行的反切，就是受梵文拼音的
影響發展起來的。漢語音調的「平、
上、去、入」四聲學說，是在南北朝
時受到印度聲明學的啟發形成。而有
了四聲學說，才有了中國詩歌的格律
學。

在藝術方面，中國傳統藝術，遇合佛藝術而昇華，神州大地上，處處閃爍著美的色彩，湧動著美的旋律。唐代長安、洛陽、揚州、成都，佛寺壁廊上的無教妙畫，把全城裝飾成一大畫廊；麥積山、敦煌、雲岡、龍門，無數妙相雕塑，宛如安樂淨土再現。佛陀拈花，迦葉微笑，觀音嫵媚，飛天穿雲，羅刹乖張，金剛怒目……異彩紛呈的中國畫壇，也由此開出新生面。另外，中國的建塔造像，更起源於佛教。建塔造像包括兩門藝術，一是建築，二是雕塑。隨著佛教的傳播，建塔造像的藝術，亦風行全國各地。現在，中國古代建築保存最多的是佛教寺塔，許多佛教建築，已成為各地風景輪廓線的標誌。

伴隨佛教俱來的，還有天文、音樂、醫藥等的傳習。一九九五年，中國發行郵票紀念古代天文學家僧一行，就是八世紀的一位高僧。他制定了《大衍曆》，測定了子午線，對天文學有著卓越的貢獻。至於醫藥，隋唐史書上記載，由印度翻譯過來的醫書就有十餘種，藏語系佛教《大藏經》中，還有醫方明之學，存有大量

中國傳統藝術，遇合佛藝術而昇華，神州大地上，處處閃爍著美的色彩，湧動著美的旋律。古代長安、洛陽、揚州、成都等地，佛寺壁廊上的無數妙畫，把全城裝飾成一大畫廊，麥積山、敦煌、雲岡、龍門、大足，無數妙相雕塑，宛如安樂淨土再現。只見佛陀拈花，迦葉微笑，觀音嫵媚，飛天穿雲，金剛怒目，羅刹乖張……

佛教的「彼岸」、「涅槃」境界，包含著「眾生平等」的寶貴思想。以「佛性人心」為其理論根據的這個觀念的提出，意味著早在兩千多年前，佛教就等視眾生，確認貴族和賤民同是凡人，只要努力修持，奴隸也可進入「涅槃」。古代中國，等級身份極為嚴格，「眾生平等」的吶喊，不啻黃鐘大呂，震聾發聵。

醫學著作。音樂方面，西元三世紀，中國已有梵唄的流行。中國唐代的音樂中，吸收了大量天竺樂、龜茲樂、安國樂、康國樂、驃國樂等來自佛教國家的音樂。那些珍貴的唐代音樂資料，至今還保存在某些佛教寺廟裡。

　　佛教各宗派學說，對中國思想界也起了不可磨滅的影響。有些研究中國古代哲學史的人，感到兩晉南北朝隋唐五代時期的哲學史，基本上是佛學在中國的發展史。所以，胡適當年寫《中國哲學史》半途輟筆，就是因為當時他不懂得佛學，寫不下去了。

至於宋明理學，在很大程度上，是受華嚴宗、禪宗理論的刺激和影響。晚清時期，中國知識界研究佛學成為一時的風氣，一些民主思想啟蒙者，如譚嗣同、康有為、梁啟超、章太炎等，都採取了佛教中一部份教理，作為他們的思想武器。甚至早期馬克思主義活動家瞿秋白，早年也受到佛教思想的影響。他曾說：「無常的社會觀，菩薩行的人生觀，引導我走上了革命道路。」什麼叫「菩薩行」？在佛教看來，凡是抱著宏大志願，要將自己和一切眾生從苦惱中救度

出來，要使大眾得到利益，並使大眾覺悟，凡是有這種志願的人，都可稱爲「菩薩」，爲實現這種志願而堅持實踐，就稱「菩薩行」。可見，佛教的慈悲、平等、無常、無我的思想，在近代知識界中，是起了一定的啓發和鼓舞作用的。

縱觀中國的歷史，在最近兩千年間，華夏文化同外域文化，大碰撞，大交流，先後有過兩次：第一次是佛教東來，第二次是西學東漸。這兩次中外文化的大會師，都曾在神州大地掀起一場新文化運動，風雲際會，激濁揚清，波瀾壯闊。然而，這兩次交會，歷史背景大不相同。佛教東來之時，中國的文明正處在興旺時期，取來它山之石，攻鑄自家新玉，鑒別、揚棄，代換，滌新，面對著外來的異質文明，大漢盛唐，是那樣從容不迫，寬宏而自信。相比之下，對那次西學東漸，卻更多是沉重的回憶了。

歷史上，佛教不但影響到普通百姓的風俗習慣，也改變了士大夫階層的風氣。自魏晉以來，便形成了士大夫和名僧交往的趨勢。佛教那種離俗無執、慈悲恬淡的風範，深深地感染了當時的士大夫，造成了中國士風的轉變。戰國以來，那些搖唇鼓舌的辯士，朝秦暮楚的遊士，一諾千金的俠士，已經不再被後世士大夫讚賞，倒是外來佛教裡那個不與世爭、不著世相、慈悲待人、恬淡寡欲的大居士維摩詰，才是他們心中的理想人格。

第二章

妙想玄思

——人類認識史上的奉獻

妙想玄思
——人類認識史上的奉獻

　　在世界文化史上，沒有哪個宗教的著述，能夠像佛教那麼多。比如，基督教只有一部《新約全書》和一部《舊約全書》，伊斯蘭教只有一部《古蘭經》，儒家經典號稱宏富，也不過「十三經」，而佛經多至一千餘種，若將經律論合計，則全部《大藏經》逾萬卷，可以說浩如煙海了。這麼多的佛教經籍，都在講些什麼道理？若用一個字來概括，那就是「空」。

　　據說，釋迦牟尼禪定七天七夜得道成佛，說出的第一句話就是——「一切皆空」。以後，釋迦牟尼號稱

「空王」，佛經亦叫「空經」，佛法即是「空法」，最奧妙的般若義理名曰「空義」，做和尚尼姑是「遁入空門」，各宗判教衡量水準高低，事實上也是以對「空」的不同體會，來進行比較，從小乘到大乘，從大乘有宗到大乘空宗，一步一步前進的軌述，就是談「空」步步深入的里程碑。這就怪了，一個「空」字，何必搞得這麼囉嗦？佛教思想的糟粕，固然在這裡，它的精華——即在思辯途徑和人類認識史上的貢獻，也同樣在這裡。

客觀世界明明是「有」，是真實存在，佛教卻偏要證明它是「空」，是虛妄——這種顛倒了的世界觀，完全是對人類正常的感性和理性認識進行挑戰。那麼，佛教最初是怎樣提出這個命題，並加以論證的呢？說來又有些怪了，竟是根據它那包含著相當豐富的樸素辯證法因素的「無常」、「緣起」思想。

什麼是「無常」？

大意是：在佛教看來，世界上的一切事物都不是一成不變的，都處於生（形成）住（存在）異（毀壞）滅（壞盡）的循環演變中。佛典中的《無常經》，就特別強調「未曾有一事不被無常吞」。「無常」，意味著事物剎那生滅、瞬息萬變，世界上沒有任何永恆的固定的事物。而且，佛教認為凡是真實的東西，一定是剎那生滅的，或變動中的；反之，凡是非剎那生滅的東西，一定是不真實的。這就是佛教對「真實」與「不真實」

一個「空」字，竟能成為佛教全部義理的思想基礎。

的看法。本此看法，人的生命當然也是無常的。佛經裡記載，佛陀問弟子什麼叫無常，一人回答「生命一天難保，這叫無常」，佛陀說「你不懂佛道」，另一人回答「連吃頓飯的時間都難保，叫作無常」，佛陀說「你也不懂佛道」，再一人回答「生命在呼吸間」，佛陀說「你算是懂得佛道了」。可見，佛家的「無常」思想不那麼簡單，不但不相信人可以長生不死，似乎更另有深意存焉。至於「緣起」思想，與「無常」緊密相關。因為，既然世界上一切事物都不是永恆存在的，而是按照生住異滅的規律不斷變化，那就應把整個世界看作一個統一的巨流，並著重從事物的相互聯繫上去了解那些變化。「緣起」的意義，正是指事物間的因果關係，重點在「緣」（條件、原因）上，「起」只是表示「緣」的功用。就是說，一切事物都因有緣而起，都是在一定條件下產生的，沒有無緣而起即不依任何條件產生的事物。佛經裡所謂的「此有則彼有，此生則彼生，此無則彼無，此滅則彼滅」，便是對「緣起」思想最概括的表述。

下面說的話，請某些虔誠的佛教徒不要吃驚。當年，就是基於上述思想，釋迦牟尼否定了造物神的存在。他說，如果世界是由神（指「大自在天」或「大梵天」，印度婆羅門教最高的主宰神）創造的，而神本身據說具備著萬能的、至高無上和完美無缺等性質，由它創造出來的世界，就也應該是絕對完善的，沒有煩惱和災難，沒有善和惡、愛和恨等現象發生，但事實卻恰然相反。那麼，這些

客觀世界明明是「有」，是真實存在，佛教卻偏要證明它是「空」，是虛妄。這種顛倒了的世界觀，完全是對人類正常的感性和理性認識的挑戰。佛教最初是怎樣提出這個命題，並加以論證的呢？竟是根據它那包含著相當豐富的樸素辯證法因素的「無常」、「緣起」思想。

現象產生的根源在哪裡呢？該歸誰負責呢？他通過把神的性質與宇宙人生各個方面聯繫起來考察推論，只能斷定神這一概念是虛構的，事實上並不存在。同樣，根據「緣起」思想，釋迦牟尼也否定了有不滅的靈魂存在。瞧，這麼說來，原始佛教簡直成無神論了，它怎麼和別的宗教，這麼不一樣呢？佛教早期在人類思想史上一個值得注意的特點，正在於此。

然而，有位思想家說得好，「辯證法曾不止一次地做過——在希臘哲學史上就有過這種情形——通向詭辯術的橋樑」。佛教的「無常」、「緣起」思想，雖然包含著樸素的辯證法因素，但它並沒有把這一思想貫徹下去，而是要用這兩個概念，去進一步做出這樣的論證：客觀世界是虛幻的，是只能在人們意識中存在的。因為，佛教認為，每種物質實體不過是一個過程，一個無論產生或消逝都變化無常的過程，它本身是不能存在的。這看起來也很辯證，實際上近乎詭辯。誰都知道，否認任何物質實體本身質的規定性，以達到乾脆否認客觀世界存在的做法，要比一般唯心主義肯定意識第一性物質第二性，走得

在世界觀上，佛教認為事物均處在無始無終、無邊無際的因果網絡之中，時刻在運動，在變化，就像塵埃總在飄，水總在流，火焰總在閃爍，風總在吹一樣

更遠。沿著這條認識路線走下去，佛教不僅把意識看作產生客觀世界的本原，更認為意識本身是一個川流不息的永恆動轉的過程，所以一個人死了，他的意識就會進入到另一個人或下等動物的軀體，而究竟進入到哪個軀體，為禍為福，或獎或罰，又是由這個人生前的思想行為（佛教叫作「業」）所決定。這樣，三世（過去世、現在世、未來世）輪迴、因果報應等迷信思想，就都可以在「無常」、「緣起」中找到最初的理論根據。另外，佛教在用「無常」和「緣起」否定客觀世界的同時，卻在極力營造一個主觀神秘世界，並論證這世

佛典中的《無常經》，就強調「未曾有一事不被無常吞」。「無常」，意味著事物剎那生滅，瞬息萬變，世界上沒有任何永恆的固定的事物。而且，佛教認為，凡是真實的東西，一定是變動中的，反之，凡是非變動中的東西，一定是不真實的。這就是佛教對「真實」與「不真實」的看法。

界倒是真實的，絕對存在的。據說，這個理想世界，一切常住不壞，不受任何因果律支配，這裡沒有物質實體，只有精神意識，沒有煩惱痛苦，只有歡樂幸福，沒有生死輪迴，只有永恆寂靜。佛教所謂「生死為此岸，涅槃為彼岸」，其中的「涅槃」也罷，「彼岸」也罷，以及還有「真如」、「法界」、「淨土」、「西方極樂世界」等概念，都是指的這個想

入非非的神秘境界。佛教要人們修道成佛，就是要修到這個世界去，提倡普度眾生，也是要把眾生度到這個世界去。由此可知，佛教早就違反了它原來的樸素辯證法觀點，不僅是與神秘唯心主義密切結合著，也走上了徹底形而上學的道路。

確實，從來沒有任何一種宗教，會像佛教那樣，把客觀世界（人、社會、自然）合盤否定得纖毫不留，把整個三千大千婆娑世界，都打入穢土濁世，把一切有情生眾，都定為穢身。《大乘無量壽經》三十五品，題名為「濁世惡苦」，一個「濁」字，一個「惡」字，一個「苦」字，足以

表明佛教對現實社會人生的無情否定。不，它豈止對人間持這種態度，從它所構擬的三界諸天之說，也可以看作是對客觀世界全盤否定的另一種宗教徵象化。三界諸天由低到高的遞進，恰好是世人按教義要求修持禪定，由劣到優的過程。佛教虛構的三界諸天，包括欲界六天、色界十八天、無色界四天，遞昇的層次，又正好與世間美事欲樂的淡化程度成正

世界上沒有任何一種宗教，會像佛教那樣，曾把客觀世界（人、社會、自然）合盤否定得纖毫不留，把整個三千大千婆娑世界，都打入穢土濁世，把一切有情生眾，都定為穢身。幸虧，它後來被中國化了，變成現在的模樣。否則，中國人怎麼接受得了那一套？

比。下面，就讓我們來看看三界諸天中的情形——

先說欲界諸天。佛教否定一切欲求，主要是否定男女情欲。它將人的情欲定爲三種，一爲形貌欲，二爲姿態欲，三爲細觸欲（觸摸肉體的欲求），並將欲界諸天男女美事分成五個級別，謂之「欲天五淫」，說從四天王天到忉利天的有情生眾，男女淫事與人間界相同，意即有媾合之事，上一層到夜摩天，則以勾摟爲淫，也就是說塵染少了些，淡化掉了交媾，

再上一層到兜率天，只能手拉手爲淫了，更上一層到化樂天，就剩下相視而笑爲淫，又上一層到他化自在天，連笑也不存在了，唯有相視默默了。佛教對男女美事持否定態度，這與人們對世俗情愛持肯定態度，何其相反。然而，若把「五淫」反過來排列一下，即對視——相笑——執手——勾摟——媾合，這不正是男女雙方由一見鍾情到相互傾慕再到靈肉結合的全過程嗎？佛教將這一切全盤否定了。至於有時佛教爲了傳播教義，做

滅卻心頭火，燃起佛前燈。佛教否定一切欲求，首先是男女情欲。這位心平如鏡的老尼姑，大概就把這問題想清楚了。

《金剛經》中說：「凡所有相，皆是虛妄。」《圓覺經》更大講：「身心皆如幻。」佛家對「幻」「妄」，是毫不含糊地加以否定的。這種觀念的極端神秘唯心主義實質，會讓人萬念俱灰，卻也具有相當誘人的美學成分，有助於人們在解決許多複雜的文化現象時，鉤幽致遠。

誰也不知道這位手扶經幡的人，心裡在想什麼。

出某些讓步，塑造了一個妻妾成群的維摩詰菩薩形像，有人說那是個僞君子。再請看色界諸天，據說是欲念逐步斷絕的眾生享受果報的地方。斷欲的辦法是禪定，斷絕欲望的多少，由修禪深淺而定。佛教根據禪定深淺程度，將色界諸天分爲四禪天，四禪天，是要讓眾生逐漸修煉到連眼、耳、鼻、舌、身的五官感覺也沒有了，僅有意識還存在，而且這意識已經是以空淨爲悅。到了無色界諸天，眾生不僅空去了欲望，連心識都空去

了，但據說仍有幽冥無著的定果色在，故仍不得超脫三界，永斷生死。三界諸天這一構意表明，諸天界較之人間界，盡管已經歡喜妙極，仍屬於有情世間穢土不淨，在此壽盡，仍不免要墮入六道（天道、阿修羅道、人道、畜生道、餓鬼道、地獄道）輪迴，而只有完全出離三界，才能擺脫生死，享受最爲美好的「無上涅槃妙果」。

佛經中記載著這樣一個故事——佛陀弘法至拘薩羅國首都舍衛城，一天在他所居之處的大樹下，有四位比丘討論世間什麼最苦。一人說「世間

之苦，無過淫欲」，一人說「世間之苦，無過饑渴」，一人說「世間之苦，無過瞋恚」，一人說「世間之苦，無過驚怖」，彼此爭論不休。佛陀聽見後，對他們開示「汝等所論，不究苦義。天下之苦，莫過有身。饑、渴、寒、熱、瞋恚、驚怖、色欲、怨禍，皆由於身，夫身者，眾苦之本，患禍之器，勞心極慮，憂畏萬端，三界蠕動，更相殘賊，吾我縛著，生死不息，皆由身故。欲離世苦，當求寂滅，攝心守正，怡然無想，可行泥洹（涅槃），此為最樂」。這說明，佛教對客觀世界全盤否定的理論邏輯，就是要導出他們所主張的理想境界，亦即那個虛幻無著、神秘莫測的彼岸世界，那個被他

們絞盡腦汁欲證解明白、而最終也沒真講明白的清淨涅槃。涅槃的原義，為滅。按照佛教構擬的三界諸天，生眾超昇到無色界諸天的最後一層非想非非想天，已經是既無形體，也無心識，處於極度寂靜，然而此時的無形無識，竟然也絕非一無所有，它是一種定果色，還有一種極微細的想法，像游絲未絕一樣，被牽縮在三界濁世之中，因而仍有壽命。若最後斷掉這一絲細想，便可進入「灰色滅智，捐形絕慮」的涅槃境界了，就可靈與肉俱亡，不再累受世俗生活形形色色無窮無盡之苦了。

　　其實，涅槃「至妙虛通」，也不

如果鼓吹什麼都不存在，就叫「斷滅空」。主張「斷滅空」，就叫「斷滅論」。這是佛教極力反對的，認為可導致人去胡作非為。

佛教教義，很想把人們引向一個主觀神秘世界去。據說，那裡一切常住不壞，不受任何因果律支配，沒有物質實體，只有精神意識，沒有煩惱痛苦，只有歡樂幸福，沒有生死輪迴，只有永恆寂靜。這個讓人完全摸不著頭腦的世界，實在想入非非，太過形而上學。所以，可以不去信它，但對於它為什麼要這樣講，不妨有所注意。

過是離諸苦惱、完全清淨之義。盡管佛教很能以其抽象機智的義理懾折人心，但要講清永滅身智是解脫之道並不為難，要讓人相信靈肉俱絕一無所有的涅槃境界是至妙極樂，那就戞戞乎難哉。早期佛教的解決辦法是，先將涅槃設定為一種超然存在的實體，要人們相信它的存在，然後巧妙地用一系列否定性的表達方式，繞過對涅槃之究竟的回答，給人以不得置疑的神秘無著性，從而更讓人不信也得信。後來，大乘佛教興起，似乎感到涅槃之說未免迂闊難行，不大講這個了，而是大談特談起佛國淨土。在中國，宣揚佛國最賣力的淨土宗，於是

成為諸宗共識、雅俗同修的信眾最多的佛教流派。你看哪個寺廟裡，不書有淨土宗所崇奉的「南無阿彌陀佛」的字樣？南無阿彌陀佛，意即皈依無量光佛。無量光佛是佛教諸佛中體量最大、法力最廣、形像最勝的佛，無量光佛所居之處稱彌陀淨土，此土是佛教所構想的最美、最樂、最能滿足世俗社會人們生活需求、精神寄托的理想境界，所以又被稱為「極樂世界」。關於它的基本情況，我們將在第四章《移風易俗》中有所描述。這裡要說的是，唯一缺憾是少了女人，這是佛教根深蒂固的女人有罪觀所造成，但這一理想國對於缺吃少穿苦苦

掙扎的芸芸眾生來說，似乎已經足夠嚮往的了。說到佛教虛構的淨土佛國，並不僅此一處，只是其它淨土的規模和理想程度，均不及彌陀淨土，如東方淨琉璃世界等。這說明，後世佛教徒實在提不出更高明有新意的理想世界，而即使是那個曾經美輪美奐的彌陀淨土，原來也不過是古代印度中等階層根據他們的世俗生活，所概括出來的宗教的烏托邦而已。

更為值得注意的，是佛教在論「空」時思辯結構上的幾個重要特色——

首先，關於為何世界是妄，萬物為「空」？印度佛學家龍樹，在《中論》裡提出：「因緣所生法，我說即是空。亦名為假名，亦是中道義。」就是說，宇宙間森羅萬象，一切事物的生滅變化，都是在普遍聯繫中相互為因（因是主要條件）、相互為緣（緣是輔助條件），世界上沒有離開這種普遍聯繫而獨立存在的事物，但由於「因緣」或事物生滅

變化的條件，它本身又不過是一種關係而已，並不是實體，所以是「空」的，既然如此，那憑借「因緣」而產生的一切事物，也可以說是「空」的，或者說是「假」的。堅持萬物是「空」、「有」也是「假」的觀點，就叫「中道觀」。東晉時著名和尚僧肇，為闡發「中道觀」思想，寫了《不真空論》，著重說明任何事物不外是假象，正因「不真」，所以是「空」的道理。顯然，這是把事物之間的普遍聯繫或相互關係絕對化，錯誤地斷言事物本身也隨之「空」，是以辯證思維開始，而以形而上學詭辯作結論。雖然如此，我們還是先應肯定它在論證上的起點——大談普遍聯

佛家講究「五眼」，即肉眼、天眼、慧眼、法眼、佛眼。後四眼所見，都是感官視覺看不見的東西，須憑藉抽象思維才能看見，而且依序有認識層次上的差異。「五眼說」，對人類認識論的發展很有幫助。

被奉為「群經之王」的《妙法蓮華經》，將非凡的想像、絕妙的譬喻和睿智的哲理高度統一，顯示出的審美意趣，就像它的經名一樣優美。

繫即「因緣」的辯證思維路線。前面講過，原始佛教正是從這裡出發，反對神造世界的謬說。

其次，佛教在盛談「空」時，卻也反對有關「空」的各種片面的機械的觀點，如「空見」、「空執」、「頑空」、「斷滅空」等。佛教認為，前三者把「空」看得太死，「斷滅空」是說事物原本不「空」，要待「斷滅」後才「空」。在佛教看來，「空」與「有」也是對立的統一，不過「空」是第一性的，是事物本質，「有」是第二性的，是事物假象，所以又有「真空」、「妙有」之說，如果離開「有」而把「空」絕對化，就是它所反對的「空見」、「空執」或

「頑空」。世間一切事物，又都產生於各種聯繫條件，受因果律支配，但事物的因果各別，不會是一種常態，因果是相續的，不會中斷，「非斷非常」，是佛教堅持的另一個辯證原則，如果撇開因果相續之理，就叫「斷滅見」，用「斷滅見」來理解「空」，就叫「斷滅空」，佛教斥為「邪見中之最惡者」。到此為止，佛教對「空」的理解，除卻其唯心主義的實質外，似乎也還是很辯證的。

其三，對「空」的理解，之所以不能停留在「頑空」、「斷滅空」等「邪見」上，還因為「遮遣曰空，建立曰有」。「空」，本來是個對「有」或「存在」的否定性概念，而否定性概念的辯證法──肯定一切事物的運動發展都要走到自己的反面，即朝向自身的否定，正是佛教哲學中

樸素辯證法的最重要的核心，它是傾盡全力強調「空」的否定性原理的作用的。所以，有人認爲佛教是世界各宗教中唯一敢於宣稱自己最後要滅亡的宗教，就因爲它把其全部傳法過程，分成正法、像法、末法三個時代，指出進入末法時代，佛教就開始衰微，以至消亡，說明它已意識到自己既然這麼談「空」，其實是連自身

凡讀過《華嚴經》的人，大概很難將經中恢宏廊大、景象萬千、神異奇詭、義喻多方的許多內容，與佛家心似古井、情若死灰、萬念俱絕、如醉如癡的形象聯繫在一起。

佛教談「空」到了禪宗六祖慧能時代，已面臨山窮水盡的地步，再也談不出新花樣來了。慧能總結了佛教各流派長期以來在「空」上做文章、打主意的各種經驗，乾脆把「空」這個實質上是否定性辯證法的概念，提到徹底否定主觀世界的高度，從此形成一條敢於向傳統舊習挑戰的思想路線。

也要難免被否定的，是連自身也要被「空」掉的。這讓人想到古希臘科學家德謨克利特的原子論，曾把「存在」叫作「原子」，把「非存在」叫作「虛空」（否定的原則），確認「虛空」是原子運動的「內在根據」或「推動者」。黑格爾對德謨克利特這種「虛空」說，寄予莫大興趣，並給以高度評價。其實這類思想，在古代哲學家中，也有著充分的表述。以老子爲代表，老子的「道」是「無」，即虛空，本意指「道」（無論把它理解爲客觀規律，還是物質性的精氣，都一樣）是看不見摸不著的「無」，但實際上它的作用並不小。老子曾舉了一些淺顯的例子，如「埏埴以爲器」、「鑿戶牖以爲室」等，

很多人將釋迦牟尼胸前這個「卍」字，與希特勒的納粹符號「卐」字相混淆。其實，前者右旋，後者左旋。由此亦可知，德國納粹，不愧是旁門左道。人們也許更不知道，不可一世的希特勒，二戰期間曾派親信到西藏考察。

以說明「有之以為利，無之以為用」的道理。莊子在老子思想基礎上，進一步強調了「無」的作用，並提出「無無」觀點。「無」是「有」的否定，「無無」則連「無」也否定了，可以說是否定之否定。雖然，莊子哲學不免最後倒向相對主義，但它在發展古代樸素辯證法上的功蹟，仍未可一筆勾銷。而且，也正是由於這點，使得佛教一來到中國，就同老莊（主要是莊子）思想結合。當時的中國思想界，也只能通過老莊去理解佛學，以「無」譯「空」，以「無為」譯「涅槃」，首開「格義」之風。有人或問，你在這裡為什麼要講這些？顧左右而言它，有比較才有鑑別。從比較哲學史的觀點，來看人類認識發展所經過的某些共同道路，來探索辯證思維規律的作用，是有更深刻的意義的。

其四，佛教既然反對「頑空」之

見，認爲「空」不能離開「有」，那麼「空」、「無」裡面就不是絕對的一無所有了。嚴格地說，所謂「有」，只是指事物爲人們感覺器官所接觸、所認識的一面，它同時一定還有爲人們感官所不能接觸到的另一面，那裡雖說「空」、「無」，卻並非全等於零。現代科學，把微觀世界和宏觀世界區別開來，作爲自己考察的對象。在古代哲學家中，也早已朦朧地把這種考察作爲任務而提出，只因那時科學水準太低，實驗條件不具備，所以諸如「其大無外，其小無內」、「一尺之棰，日取其半，萬世不竭」等光輝命題，即對空間無限大、無限小的科學論斷，都只能局限於一種簡單設想或抽象的邏輯思維中。然而，正是這種邏輯思維，往往包含著科學認識的吉光片羽，很值得後人重視。老子早就明確指出，在他的「道」裡面，「其中有象……其中有物……其中有精，其精甚真，其中有信」，說明「道」雖是「無」，卻

佛教很會營造佛法無邊的意象、讓信眾時感到自身渺小。四川樂山淩雲大佛的這只腳面，別說站上去會是什麼感受，僅從圖片上看，就能把人看傻了。

去西雙版納旅遊，聽說當地人將這也看作佛光。這是對佛光普照的迷信心理，還是儘管神秘卻心有靈犀的感應？佛教意念裡，本就存在許多特殊的認識範疇，與整個佛學義理揉合在一起，諸如妙、勝、圓、色、空、禪、嚴莊、和合、真如、止觀等，皆耐人尋味。

又不是絕對的空無。這種思想，在佛教哲學中，有更大的提高與發展。比如，華嚴宗關於「一多相攝，重重無盡」的命題，就包含著事物在空間上無限可分的深刻思想。它認為原來細微到人眼看不見、已等於徹底「空無」的東西，其中還有無限的空間、無窮無盡的廣闊天地——「一一事

相，遍含一切法界而重重無盡」，「小時正大，芥子納於須彌；大時正小，海水納於毛孔」，「無量剎海一處毛，悉坐菩提蓮華座」，「一塵中有無量剎，剎復為塵說更難」（以上均見《華嚴策林》和《華嚴經》等）。雖然華嚴宗的法界觀裡，有用理法界吞沒事法界的所謂「真空觀」等，是徹底否定世界物質性的唯心主義觀點，還有「彼塵與此山，大小相容，隨心回轉」，與莊子所說「天下莫大於秋毫之末，而泰山為小」同屬相對主義觀點，但它提出「一多無礙」、「一多相即」等原理，實際上又是否定了宇宙間真有所謂「真空」的存在。被武則天尊為賢首國師的法藏，是華嚴宗的頭號創始人。他在宮中向這位「聖后」大講其《華嚴經》時，曾指殿前蹲立的金獅子作譬引證，以闡明經中某些奧妙難懂的哲理。他說，獅子「一一毛中皆有無邊獅子，又復一一毛帶此無邊獅子還入一毛中，如是重重無盡」，這是解釋「一塵攝一切法，一切法亦攝一塵」和「一一纖塵皆攝無邊真理，無不圓足」等原理，貫串著該宗「一真法界觀」的基本思想。諸位讀者，切莫小

覷這些把武則天說得頭昏腦漲而又如醉如痴的像是囈語瘋言的話語,在它的背面,隱含著深刻的辯證思維的應用,現代科學思想的萌芽。

其五,怎樣透見和認識到「空」這個世界呢?佛教在認識論上提出「五眼」說。大意是:感官視覺看不見的東西,憑借抽象思維能看得見,而由感性認識到理性認識的飛躍,也就是高度發揮抽象思維作用,以達到

「正覺圓融」四字,讓人遐想不已,可有時覺得就那麼回事。

對「真空」的徹底照見而已。所謂「五眼」,第一眼是肉眼,第二眼是天眼,第三眼是慧眼,第四眼是法眼,第五眼是佛眼。肉眼即普通人的感官視覺,是最低級的認識階

佛教愛搞「方便法門」,在寺院過道裡立塊影壁,上書「同登彼岸」四字,就不知把多少人的靈魂牽走了。

古漢語中，原本沒有「莊嚴」這語彙，是佛教傳入後，將它的意念植入世間人生，也影響到世俗漢語的使用。

段。天眼指修習禪定達到一種精神境界時，可以不問遠近、內外、晝夜皆能照見的能力。事實上，這只是形象思維在一種禪定催眠狀態下的變態心理感應。慧眼是用抽象思維照見「真空無相之理」的智慧，稱爲「空諦一切智」。法眼是照見一切法門的智慧，稱爲「假諦道種智」。佛眼總括前四種眼，總名爲佛眼，即能照見「諸法實相」的最大智慧，稱「中諦一切種智」。佛教所謂「諸法實相」，和「真如」、「真際」、「實際」、「一真法界」等等，都是它所信奉的最高真理的同義詞，其主旨也就是「空」，而通過各種途徑最後認識到「空」，就是最大智慧——菩提般若之智。至於所謂「空諦」、「假諦」、「中諦」，就是龍樹所提出的「中道觀」思想。天台宗有三諦圓融說，也是指此，均無非是對以「空」爲最高真理的一種認識。

其六，佛教高談「空」，又反對把「空」看得太死，太過份，一般主張「非有非空」的「中道觀」（如天台宗和唯識宗等）。這還是把「空」作爲否定性辯證法概念來運用的，有其合理因素。但龍樹一系的「中道觀」，實際上又是一種折衷主義。

在杭州西湖遙望三潭印月，曾經心曠神怡，以爲這就挺「摩訶」。

「空」要求看破紅塵、脫離現實，「非空」還是要老老實實地肯定現實、回到現實。「口雖言空，行在有中」，早在東晉時，就有人對佛教徒們說過這種譏諷的話。這也正如《紅樓夢》中櫳翠庵的尼姑妙玉那樣，「欲潔何嘗潔，云空未必空」。這一方面說明「空」必然帶來對它自身的否定，一方面也說明和尚尼姑同樣是社會中人，要想脫離現實生活是不可能的。大家知道，在佛教各宗中，禪宗的地位和影響最為突出。這主要表現在它那目空一切地「呵佛罵祖」，向所有佛教傳統教條戒律大膽挑戰的

佛教對「真如」竭盡褒美之能事，尤愛以蓮花為喻。

作風，事實上是在佛教內部完成了一次宗教改革運動。而且，禪宗是中國的特產，不像法相宗那樣照搬天竺陳貨，與中國固有思想文化傳統的結合密切。它並不主張脫離現實，反而認為穿衣吃飯、擔水搬柴都可是佛道，甚至公然喊出「飲酒食肉，不礙菩提；行盜行淫，無妨般若」等口號來了。再看幾句有代表性的話：「世間所有森羅萬象，君臣父母，仁義禮信，此即世間法不壞，是故經義不壞世法而入涅槃，若壞世法，即是

凡夫。」（大照禪師：《頓悟真宗論》）「世法」，就是現實世界的一切，指當時古代社會的一切倫理綱常規章制度，是破壞不得的，破壞了就是「凡夫」，就要取消「成佛」的資格。禪宗之所以大膽否定西方極樂世界，而把天國搬到地上，放在人的心中，正是為此。這樣，也使佛儒之間，在倫理道德問題上進一步調和起來了。因此，在禪宗的宗風上，我們看到兩種相反精神結合在一起的情況：一是大膽反傳統的精神，一是與現實妥協的精神。這不就是「中道觀」既否定又肯定的折衷主義的一種表現嗎？過去，曾有人認為禪宗的出現，在很大程度上有著莊子的影響，說得不無道理。因為，莊子既是那樣一個不滿現實、嬉笑怒罵、藐視王侯的古代知識分子，同時他又是個「不譴是非，以與世俗處」的「現實主義者」，他的「無無」思想，大概在這兩方面都發生了作用，正同佛教的「空」一樣。

無中生有，「空」裡有實，以上是佛教談「空」時極複雜、極繁瑣又極矛盾的一般特點。需要指出的是，佛教談「空」，到了禪宗六祖慧能時代，已面臨山窮水盡的地步，再也搞不出什麼新花樣來了。禪宗總結了佛教各流派長期以來在「空」上做文章、打主意的各種經驗，把「空」這個實質上是否定性辯證法的概念，提到徹底否定主觀世界的高度，形成了

佛教的全部妙想玄思，都是教人如何在寧靜安祥的深入思慮中，返身觀照自己的心性，使之聚焦在世界本源、生命流轉這些根本問題上。

禪宗自慧能以後，至臨濟、曹洞、雲門等各宗的一條敢於向傳統舊習挑戰的思想路線。你看，禪宗竟敢說「求佛求法，即是造地獄業」，簡直是對佛教的全部否定，難道不算「空」到極點了麼？但這卻對後來中國的思想界產生積極影響，不少進步知識分子，就借用它來作為反傳統教條、反儒家偽道學的思想武器。

不能再這麼講了，再這麼講下去，會使讀者感到枯燥沉悶的，但既然要談佛教的妙想玄思，即它的智慧形態，以及它對中國思想文化的影響，又不能不扯到這些。此外，還應談到「四諦」、「十二因緣」、「小乘與大乘」、「空宗與有宗」等佛法

佛教講涅槃真如，於無所有中有所見，講至妙虛通，於天上看見深淵，才知道無常緣起，竟然如此容納莫測，中道不二，很容易使之義喻多方，更不必說小時正大，芥子納於須彌，大時正小，海水塞於毛孔。當年，武則天就被這套說辭說得五體投地，既好像大徹大悟，又好像暈頭轉向。

要義，談到佛教在中國哲學史上的地位和影響，則應分別介紹道安的「本無說」和「六家七宗」，僧肇對「般若空義」的發揮，慧遠的「法性論」和「神不滅論」，竺道生的「涅槃佛性說」，乃至天台宗「一念三千」、「一心三觀」、「三諦圓融」的本體論，法相宗的「八識說」與「四分法」、「種子理論」與「轉識成智說」，華嚴宗的「一真法界觀」、「十玄門」和「六相圓融」，禪宗的

「心本體」與「見性成佛」，三論宗的「破邪顯正」與「二諦說」，而且特別該談談極端神秘主義的密宗思想。因為，凡此種種，均證明在世界各宗教中，佛教最以哲學發達著稱，整個佛學起碼包含有幾十家哲學體系，提出並探討了許多人類哲學史上共同討論的問題。但囿於篇幅，這裡不可能一一涉及，仍想用漫筆的方式，談點與佛教智慧相關的內容，來完成本章的敘述。

凡誦讀《華嚴經》的人，大概很難將經中恢宏廊大、景象萬千、神異奇詭、義喻多方的許多內容，與佛家心似古井、情若死灰、萬念俱絕、如醉如痴的形像聯繫在一起。佛教經典的可讀性，確是人們有目共睹的。被奉為佛經「群經之王」的天台宗所依據的《妙法蓮華經》，將非凡的想像、絕妙的譬喻和睿智的哲理高度統一，顯示出的審美意趣，就像它的經名一樣優美。胡適曾特別欣賞其譬喻之妙。這似乎與佛教超凡脫俗的品格無法吻合，然而事實就是如此。

另外，你注意到釋迦牟尼胸部有一個符號卍嗎？說到這個符號的來源，頗難稽考。在古印度、波斯、希臘等國，都曾盛行此符號，婆羅門教、耆那教、佛教，都曾用它以為象徵，可能是從古代雅利安人所習用的原始崇拜符號傳承下來的。總之，不知因為什麼，佛教徒一見到這個符號，心中便會昇起一種幸運、吉祥、寧靜、妙好的宗教情感。佛教稱這符

似人非人似石非石身心不動即如古佛
在塵不染遁高鶩大我心如石罕宝色相
師遠沙門智藥敬之

莫言獲諾貝爾文學獎後，國內外媒體圍追堵截，狂轟濫炸，日子並不好過。那天看央視記者採訪他，問他去領獎是什麼心情，他說自己「心如巨石，風吹不動」，又問他對人生痛苦的看法，他說「我現在就很痛苦」。話說得如此微言大義，可見莫言這些年讀佛經了，沒讀佛經，也懂佛理了。

號為室利靺蹉，是梵語，義為「吉祥海雲」。海雲，又稱雲海，在佛教中有特定含義，譬喻深廣無邊、容納莫測。

佛教教義中，確實存在著許多特殊的認識範疇，與整個佛學義理糅合在一起，頗耐人尋味，諸如妙、勝、圓、色、空、禪、莊嚴、和合、真如、止觀等。這裡，試對部分重要範疇加以介紹。

「妙」，在佛籍中使用頻率極高，是佛教極其重視又非常喜愛的一個概念。但佛教「妙」的意蘊，遠不止於一般美好的意義，而是廣泛地被用於對佛事、佛法、佛學、佛論實體、佛理境界的審美肯定，更多趨向

你可能不知道，佛教是世界各宗教中，唯一敢宣稱自己最後也要滅亡的宗教。而這，恰是它一味談「空」所導致的必然結果。

於神秘化。「妙」，常與「至」、「微」、「勝」等配詞，成為「至妙」、「微妙」、「妙勝」，也有配搭成「妙華」、「妙好」、「玄妙」、「美妙」的，但意義都不出「妙」的外延。如微妙，用得最多，其實，微妙極言妙中之妙，也不過是「妙」。佛教廣泛地以「妙」對佛教出世之法的種種體相予以肯定，當然也免不了情動於衷和喜形於言，將宗教生活中的體味傾注在「妙」中，如將通向涅槃真如的心性稱為「妙心」，將佛法力無邊、應變自如稱為

「妙色」，將其無上圓覺稱為「妙覺」、證得涅槃清淨稱為「妙果」、得往生之淨土佛國稱「妙土」、妙土之極樂稱為「妙樂」、入涅槃佛國之門為「妙門」、而臻此妙之佛陀正法稱為「妙法輪」。隋代天台宗大師智顗在《法華玄義》中，開示了十妙：境妙、智妙、行妙、位妙、三法妙、感應妙、神通妙、說法妙、眷屬妙、功德利益妙，來精微分析佛性真如之不可思議。眾所周知，佛教「妙」的範疇，對文學藝術的影響很大，也成為中國古代美學對藝術珍品的基本肯定，滲透到中國美學概念的玩演過程中。

「圓」，在佛教中也具有特定涵義，主要是褒美出世法、佛性、涅槃本體、悟入真如之圓滿周遍，一切具足。「圓」字在佛籍裡，可謂俯拾皆是，以在天臺、華嚴宗的教義中運用最多，推演也特別精微可人，當然也顯得尤為玄妙神秘。大名鼎鼎的《大方廣圓覺經》，為佛教華嚴、天臺、禪諸宗並重，它所闡釋的關於「圓」的義理，居然可以圓照各宗。此外，「圓」還有另外一個意義，即交徹融通無礙之義，這一意義的哲學意味更

為濃鬱。當代著名學者錢鍾書，曾從審美角度關注到「圓」，徵引了大量古今中外僧俗的有關論述，並得出結論：「乃知『圓』者，詞意周妥、完善無缺之謂，非僅音節調順、字句光致而已。」

「莊嚴」，是佛教哲學中非常獨特的概念，在佛經中也觸目皆是。「莊嚴」的觀念，對於佛教造像藝術的影響極大，這點想必容易理解。「莊嚴」，本是佛家用語，並不是古代漢語所固有的。在上古漢語中，「莊」和「嚴」不連用，二者為同義詞，可以分別用，也可換用。後來，佛經翻譯家將「莊」和「嚴」組合成一個復詞，翻譯佛經中的某種特殊意義。「莊嚴」在佛經中使用頻繁，也影響到世俗漢語，將「莊嚴」二字引過來，不過意義變為嚴肅莊重，與佛經中的「莊嚴」義相去甚遠。一般來說，佛經中的「莊嚴」，都是褒美佛事、佛國、佛功德身相的圓滿具足性，有時也將它的外延擴展到世間人生，如「昔佛在世時，舍衛城中有諸人民，各自莊嚴而作伎樂，出城游戲」（《百緣經》），「王往見之，前為作禮，以種種寶莊嚴高車，載死

沙彌⋯⋯」（《賢愚經》），或將「莊嚴」兩字倒用爲「嚴莊」，如「母疾入告新婦」曰：「好嚴莊！」（《僧祇律》）

在佛教概念群中，有一個更爲特殊的幾乎可以涵蓋其它所有範疇的詞，便是「摩訶」。「摩訶」系梵語，一般意譯爲大，但它的實際含義比大複雜得多。它有自體寬廣、周遍包含的意思，與「圓」相似；它有不可思議的意思，又與「妙」同義；它還有多和殊勝的意思，與「勝」相類；至於大，是它的基本含義。「摩訶」用得最多的地方，是在褒美稱名菩薩，即「摩訶薩埵」，專指眾生之中尚未成佛而行度濟眾生菩薩行的人。另外，佛家稱他們最理想的境界爲涅槃時，常將審美意味很濃的詞疊加其上，當然也不會忘記派用「摩訶」，如稱之爲「摩訶般涅槃那」，意即完全的涅槃、最後的解脫、大圓寂入。

同「色空」一樣，「真」與「幻」的範疇，在佛教思想中有著重要地位，爲佛家津津樂道。我們在上面談「空」說「有」時，已多少涉及到了，這裡再強調幾句。「真」，又

可以稱作「真如」，「真」是「真如」的省稱。佛家所說的「真如」，被認爲是宇宙的本體、最高的理性，其人格化後即爲佛和佛性，其徵象化或圖示化後即爲淨界。所謂「真如」，佛家說「真謂真實，顯非虛妄，如謂如常，表無變易，謂此真實於一切法，常如其性，故曰真如」。也就是說，這個本體或理性是唯一的真實，永恆不變的存在，這種體性是相對於其它一切變化無常的現象存在而言的。佛教對「真如」竭盡褒美之能事，尤以蓮華盛喻：「此妙真如性，本然清淨，豈容外物之所污染？故佛以蓮華爲喻。蓮華生於淤泥中，而不被淤泥之所污染；此妙真如性，在眾生煩惱心中，而不被煩惱之所濁亂。」（元・道衍《道餘錄》）佛家所說的「幻」，則往往是指不實無常的現象世界。《金剛經》中說：「一切有爲法，如夢幻泡影，如露亦如電，應作如是觀」。在許多場合，佛家將「幻」與「妄」同義。《金剛經》中說：「凡所有相，皆是虛妄。」《圓覺經》更大講「身心皆如幻」。但兩者也有區別，「幻」主要用於述相狀，「妄」主要用以指

迷真、無明之念。佛家對「幻」、「妄」是毫不含糊地加以否定的，稱「幻」為「垢」，就像塵封在明鏡面上的垢污，說一切世間現象體性虛妄，有污佛道，斥之為妄塵，稱虛妄不合佛道之心念為妄心妄念，稱妄心妄念所現之虛幻不實的境界為妄境界。如前所述，這種觀念的極端神秘唯心主義實質，是必須予以警惕的。但是，又必須承認，佛教對世界「真幻」的獨特解釋和思辯「真幻」關係時思維形式中的辯證意味，以及對返身觀照心性的特殊心理過程的描述，是具有相當誘人的美學成份的。人們很容易把這一切借鑒過來，根據自己的人生體味自由運用，在解決許多現實複雜的文化現象時鈎幽致遠，盡管那其實是在全不理會佛家開示「真

佛家講了兩千年的「妙勝」，不如我看到這幅照片時的感受。

幻」義理的宗教旨歸。

　　中國傳統哲學比較重視現實人生，偏於經驗認識，對於世界本源、生命流轉等問題，極少探討。正是由於佛教傳入後，才開始在其充滿妙想玄思的文化氛圍中，逐漸填補了這方面的空白。而且，我們並未諱言佛教思想存在大量糟粕，需要認真加以識別，但若因此便一概而論，據今疑古，漠視中國佛學之智慧價值，也未必是好態度。關於這點，還是前中國佛教協會會長趙樸初說得對：「端正我們的認識，擴大我們的眼界，這裡有不少的寶貴財富，待我們開發，人們需要的許多精神食糧，待我們提供。」

第三章

宏願偉行

——發智者風範立行者高標

宏願偉行
——發智者風範立行者高標

在佛文化的輝煌天幕上，曾有無數高僧，蔚成亮麗的星群。他們志念宏遠，品格高潔，發智者的風範，立行者的高標，搜揚慧光，求索妙諦，不愧爲釋門的龍象，佛家的精英。

印度佛教經典，號稱「八萬法藏」，只有少量傳入中國，譯成漢文

的更少。早期譯經的水準不高，往往義理不確，甚至錯譯。古代高僧以爲，譯經不良，關係到聖教存亡，必須求取真經正法。從三國到唐代，千百位高僧，前仆後繼，西行求法，不畏犧牲，艱苦卓絕，被魯迅稱讚爲「民族的脊梁」。這是因爲，西行求

法運動，雖然本來是宗教行為，所求的主要是佛教教義，但其行動的意義，卻遠遠超出了宗教範疇，帶動了向域外尋求新思想和新知識，成為歷史上中外文化交流的重要形式。至於在這個運動中，某些代表人物所表現出來的精神意志，可歌可泣，更是留給後世寶貴的人格遺產，永遠值得我們珍視。

古代西行，有兩條路可走。一條是陸路，經河西走廊，至天山南麓，入帕米爾高原，穿喀什米爾，南下去印度。一條是海路，經南中國海，過馬六甲海峽，到斯里蘭卡和印度。兩條路，以陸路為主。當時雖有商旅可通，但遠涉流沙，沿途多難，除了要征服各種險惡的自然環境以外，由於當時西域處於各民族割據狀態，與內地關係極不穩定，加之求法者多無資財，又不通曉當地語言，致使「去者數盈半百，歸者僅有幾人」。也就是說，不知有多少人客死荒途，有多少人中途折返，有多少人滯留他鄉，姓

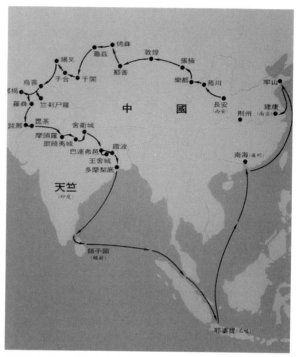

後秦時的法顯，留學印度路線示意圖。

名永埋，能夠幸運地不但求得佛法、且又返回故園者，屈指可數。

中國見於著錄的第一位西行求法的高僧，是曹魏時代的朱士行。據說佛教傳入中國後，漢人受戒出家為僧，他是第一人。他講《道行般若經》，感到經本義理不明，便在魏甘露五年（二六○年）自長安西行，輾轉跋涉，來到于闐（今新疆和田）。于闐為當時大乘佛教集中之地，他在這裡求得《放光般若經》梵文原本，卻被禁止攜帶出境。二十二年以後，

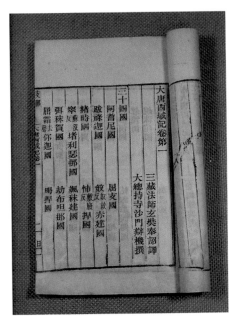

玄奘所著《大唐西域記》書影

他才托弟子將這部經書送達洛陽,他本人則終生滯留西域,未能返歸國。

後秦時的法顯,求法歷程更為艱難。他於後秦弘始元年(三九九年),以近六十歲的高齡,約同伴自長安出發,去印度尋求律藏梵本。途中穿越戈壁大漠,上無飛鳥,下無走獸,唯有靠死人枯骨辯別方向。過雪山時,同伴病死凍死,法顯持願忍行,終不動搖。他在印度參味大法,證得妙諦,抄寫了許多佛教經典。四○九年,經斯里蘭卡回國,乘船遭遇風暴,在海上漂流九十天,到耶提婆

國,從耶提婆國返程途中,又險些被拋棄荒島。學術界有人認為,耶提婆國在拉丁美洲,法顯到美洲遠在哥倫布之前。無論真相如何,法顯求法十五年,歷盡磨難才回到中國,畢竟是求法史上傳奇的一頁。法顯此次西行,對中國佛教發展的貢獻是巨大的,中國漢地所藏四部律藏中,由他帶回的就有三部。另外,他帶回的《雜阿毗曇心經》,對當時毗曇學的發展,譯出的《方等泥洹經》,對南北朝時佛性論的研究和討論,都起了重要作用。法顯還把自己的經歷記錄成文,後人稱之為《佛國記》或《法顯傳》。此書記敘了當時我國西北地區以及印度、巴基斯坦、斯里蘭卡、印度尼西亞等國的地理形勢、物產

法顯所著《佛國記》書影

風俗和各地宗教情況，故被視為研究古代中亞、南亞諸國的社會歷史、經濟狀況和宗教信仰的寶貴資料。近代以來，尤為國際學術界所重視，被譯成多種外文。

唐代的玄奘，是西行求法高僧中最偉大的人物。神話小說《西游記》所描寫的唐僧，就是以他為模型來創作的。但比起小說裡的那位心慈耳軟、有時人妖不辯的唐僧，歷史上的玄奘是個勇敢無畏的人，是個偉大的旅行家。玄奘去印度，主要是尋求法相學說的真諦，且行且學，博聞深思，是玄奘求法的特點。他在赴印度途中，行經數十國，一路拜訪高僧。在印度

1957年，為紀念玄奘西行求法的壯舉，及其對中印文化交流做出的貢獻，經中印兩國政府商定，在今印度比哈爾邦巴臘貢附近的那爛陀寺遺址，矗立起這座玄奘負笈求法銅像。，

玄奘求法紀行圖

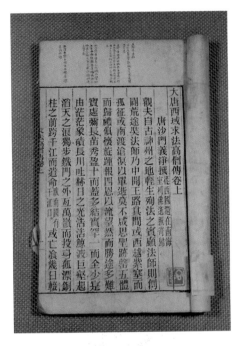

義淨所著《大唐西域求法高僧傳》書影

在緊張地整理和翻譯印度原始佛典的同時，還將求法經過和沿途情況寫成《大唐西域記》十二卷，詳細介紹了印度各地的風土人情和宗教盛衰。這是中國文化史上最偉大的著作之一，已被國外學者譯成多種文本。據說，近代印度等國的考古發掘工作，有許多地方，就是根據《大唐西域記》的記載而進行的。

玄奘之後，又有義淨西行求法，但走得是海路。他於七世紀時，從廣州乘波斯的商船出發，先到印度尼西亞的蘇門答臘學習梵文，然後再乘船到達東印度。義淨在印度，除了巡禮各地佛教聖跡，還在著名佛教學府那爛陀寺留學十年，很注意研究當時印度佛教的生活方式和印度醫術。義淨求法，歷時二十五年，帶回近四百種梵文佛典。歸國後，著有《大唐西域求法高僧傳》二卷和《南海寄歸內法傳》四卷。這兩種著作，雖非史地專著，但關於七世紀時馬來群島和印度尼西亞的佛教，以及印度尼西亞的梵文、文學、醫術等，都幸而因這兩部書得以傳世。

那爛陀寺，他向名師戒賢遍學經論，成為通曉三藏的大德。數年印度漫遊，巡禮伽藍，考察風情，吸吮異域文化的精華，使玄奘的名字響徹整個印度。印度朝野共仰玄奘的道德學問，戒賢請他出面化解釋門論爭，戒日王召集萬人大會，為他立論標宗，會期十八天，玄奘辯才無礙，沒有一人攻破其說，會後加封他為「大乘天」（大乘佛學的權威）。歸國後，唐太宗仰慕玄奘高風，請他從政，被謝絕。因為，引來佛國法水，滋養華夏淨域馨香，才是玄奘終生誓願。他

佛教自印度傳入中國，與中國文化相結合，迅速形成具有中國特色的

思想體系以後，不久即影響到鄰近許多國家，如柬埔寨、印度尼西亞、日本、朝鮮和越南，乃至以前的佛教聖地印度。西元八世紀，揚州大明寺律學大師鑑真，便已應日本留學僧邀請，弘法扶桑。東海風高浪險，十年間六次東渡，五次受挫。有一次乘船被毀，隨風漂流到海南島。西元七五四年，終於抵達大阪，前後同伴有三十六人死去，鑑真也雙目失明。日本天皇頒詔，授鑑真為傳燈大法師，天皇、皇后、太子依次受戒，日本佛門正規傳戒，從此開始。鑑真手創的大招提寺，成為日本律宗本山，日僧尊他為開山之祖。相傳，他為日本刊刻戒律三大部，還傳去醫藥本草，日本醫藥界亦奉他為始祖。鑑真生前，他的弟子為他制作了一尊乾漆夾紵寫真坐像，至今端坐大招提寺中，成為日本的國寶。一九八〇年，鑑真坐像回國探親，重返闊別千載的大明寺。鑑

真以其東渡事跡，以及對日本佛教和文化發展所作的貢獻，在中日兩國佛教和文化交流史上，點亮一盞長明的法燈。

前面講過，求法的主要目的，是學習印度佛教的原始經典。而將梵文佛典譯成漢文，乃是一項偉大的思維工程。因為，它要把佛陀智慧漢化，使中印兩大文明實現溝通和融合。故而，將近一千年間，無數高僧大德，投入譯經勝業，先後出現鳩摩羅什、玄奘、義淨和不空四大翻譯家。

龜茲高僧鳩摩羅什，父祖是印度婆羅門，他在涼州生活多年，兼通梵漢雙語。後秦弘始三年（西元四〇一年），他被姚興迎請到長安，待以國

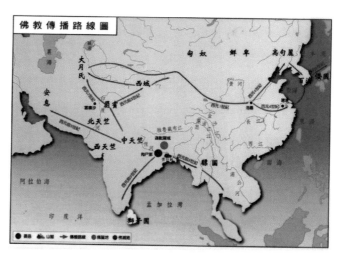

佛教自南亞經中亞西亞向東亞傳播路線圖

後秦時，由印度來華傳教的鳩摩羅什，精通梵文大小乘經論，與弟子共譯出《大品般若經》、《法華經》、《阿彌陀經》、《金剛經》等經和《中論》、《百論》、《十二門論》、《大智度論》、《成實論》等論，是歷史上著名的佛典翻譯家。

師之禮，組織八百餘位僧人，開始了中國歷史上空前的譯經活動。他在長安主持譯場十二年，譯經論三十五部，多是大乘佛典。這些經論，對大乘佛教在中國的傳播，對中國佛教宗派理論的形成，有著劃時代的影響。鳩摩羅什譯經的原則，重視質文並茂，兼顧「信」與「達」兩方面，表達力求準確，讀起來朗朗上口，又能不失原意。他臨終時說，我翻譯佛經三百餘卷，自信所傳不誤，可供後世流通。這種自信，正是他嚴謹學風的寫照。

玄奘從印度帶回佛經六百五十七部，在長安主持譯場十九年，譯出《瑜伽師地論》、《大般若經》等，共七十五部。玄奘在精通梵漢雙語、熟諳中印文化方面，均居鳩摩羅什之上，故其譯經質量更勝一籌。唐高僧道宣說，玄奘譯經，出口成章。但據史載告訴我們，他的翻譯程序，又是嚴格而且完整的。大致是這樣：由他本人手執梵本。口授譯文，下設綴文、證梵語、正漢字、詳證大義等多項操作，由弟子們各司其職。玄奘爲

我國譯經史開闢新紀元，也是我國翻譯史上當之無愧的奠基人。

義淨在蘇門答臘滯留期間，即著手翻譯佛經，後在長安、洛陽主持譯場十二年，譯經近六十部，主要是律部經典。他的譯場人材濟濟，既有外國高僧，又有當朝名士，相互密切配合。義淨譯經的獨到之處，是在譯文下面做注，詳細說明經義，考核名物制度。這一特點，確定了他作為大翻譯家的地位。

唐代高僧不空，原為南天竺獅子國（今斯里蘭卡）人，自幼來到中國，是又一位梵漢兼通的外國僧人。在安史之亂中，玄奘、義淨帶回的梵本流失民間，不空奏請朝廷廣為搜集，由他主持大興善寺譯場，譯出顯密經論共一百一十部。不空的搶救性翻譯，對中華經藏是一大貢獻。他是密宗大師，譯經兼顧顯教，顯示了超越門戶的眼界。

在翻譯佛典過程中，除了所譯典籍本身包含多方面學術內容，有助於中國思想學術的發展之外，還附帶做出很多成績。這主要表現在：一，譯經是虔誠的宗教事業，一般是極為嚴

西安慈恩寺，唐太宗李世民專為西行求法歸來的玄奘譯經建造的寺院。

不空，原籍北天竺，一說獅子國人。唐代來到中國，自玄宗以迄代宗，拜為灌頂國師，官至鴻臚卿，封肅國公。他是中國密宗創始人之一，與善無畏、金剛智並稱「開元三大士」。

蕭的，歷代譯經大師，對翻譯原則與方法進行了認真的探討，並使之上昇為理論，如在涉及譯文的忠實性、表達上信與達的關係，外來語音譯原則、譯人修養等方面，總結出許多經驗，在翻譯史上很有價值；二，在翻譯過程中，不僅輸入了外來語成份，而且形成一種既保持外來語風格、又為中國人所能接受的漢梵結合、韻散結合、雅俗共賞的文體，稱為「譯經體」，對中國語文產生了一定影響，是文體史上的一個成就；

三，通過翻譯佛典，培養了一大批宗教人材，他們不僅在譯經上起了作用，有些人因此成為佛教義理學家，對佛教發展做出重要貢獻。總之，中國的佛典漢譯工作，無論在宗教史上，還是在文化交流史上，都是值得大書特書的盛事。

正是有了翻譯佛典卓有成效的基礎，隋唐時代，龍象輩出，闡發義理，各得妙諦，形成具有中國特色的八個佛教宗派——天台宗，這是中國佛教最早確立的宗派，為陳隋時的智顗所創。智顗的思想，淵源於北齊慧文和南嶽慧思。他晚年住在浙江天台山國清寺，著書立說，完成了自己的哲學體系。天台宗以《法華經》為教義依據，又稱法華宗。智顗把釋迦牟尼一生的說法，分為五個時期，把說法的內容和方式，分為八種，合稱「五時八教」。天台宗的思維方法，叫作「一心三觀」，就是「空假中」三種觀察事物的方法。它認為，一切事物除生滅變異外，本身並無實體，名為「空」，因緣和合能起作用，名為「假」，空假二而不二，名為「中」。智顗以後，歷唐至宋，弟子灌頂、湛然、義寂等相繼傳承，發揚

光大他的學說，並遠播東鄰，分出日蓮宗，至今在日本興盛。

三論宗，又稱「法性宗」。學術界有人認為，它只是學派，不是宗派，但它已具有宗派的一切特徵。開創者為吉藏（五四九～六二三年），祖庭在陝西戶縣草堂寺。三論宗學說，以《中論》、《百論》、《十二門論》為主要依據，理論核心是諸法性空的中道實相論，立破邪顯正、真俗二諦和八不中道三種教義。其理論體系，至唐代漸衰，現在雖然還有研究的人，但作為宗派已不存在。

法相宗，又稱唯識宗、慈恩宗，由玄奘及其弟子窺基所創，祖庭在

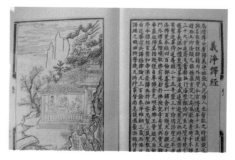

義淨所譯佛經的學術價值，後世極為推崇。

西安慈恩寺。此宗的基本思想，可以用「三界唯心，萬法唯識」來概括。由於它的思想體系比較複雜繁瑣，最忠實地保存了印度佛教瑜伽行派的學說，法理難以普傳，僅歷四代便衰微。但也因它在理論上達到前所未有的深度，其學術成果，為此後一些宗派所吸收。直到十九世紀末和本世紀

天台宗，中國佛教最早確立的宗派，隋代智顗所創，祖庭浙江天臺國清寺。該宗以《法華經》為教義依據，又稱法華宗。

三論宗，又稱法性宗，祖庭在陝西戶縣草堂寺。三論宗學說，以《中論》、《百論》、《十二門論》為主要依據，理論核心是諸法性空的中道實相論，立破邪顯正、真俗二諦和八不中道三種教義。其理論體系，至唐代漸衰。

初，仍有龔自珍、譚嗣同、章炳麟及楊仁會等，研究和提倡唯識論，一時有復興之勢。熊十力更提倡「新唯識論」，也有一定影響。

律宗，為唐初道宣所創，以習傳戒律為宗旨。該宗原為小乘學說，後被逐步改造為大乘思想流行。分為南山、相部、東塔三大派，最後以南山一派傳燈不絕，成為律宗的正傳。唐代揚州大明寺的鑒真，宋代重興宗門的允堪和元照，明清之際南京靈谷寺的如馨、北京法源寺的福聚，民國時的弘一，都是著名律宗傳人。直到現在，中國出家僧尼受戒和日常生活實踐，還在傳統地依照律宗規矩行事，故律宗又通行於各宗。祖庭淨業寺，在陝西終南山豐峪口內。

淨土宗，又稱「蓮宗」。該宗不像其它佛教宗派那樣，有明確的傳承關係，它是由後代僧人推舉前代一些宣揚淨土往生的著名僧人為祖師，從而形成淨土宗的傳承。據說，創始者為東晉慧遠，又有唐初善導為祖師之說。該宗所謂的「淨土」，是指佛的

國土，相對於現世居住的「穢土」而言，認為通過一定的修行，有希望在未來之世降生於佛的國土，享受那裡的一切美好幸福，有機會聆聽佛的教誨，從而獲得更大的修行成果。它主張依靠阿彌陀佛的願力，往生西方淨土，即鼓吹「他力往生」。這就使得它在修行方法上，非常簡單易行，不需要經過累世修行，不需要閱讀深奧繁瑣、汗牛充棟的經籍典章，只須隨時口誦阿彌陀佛名號，就能橫超三世，往生極樂世界。因此，這一宗派特別受人歡迎，尤其是社會下層民眾的歡迎。南宋時，日僧源空傳法回國，創日本淨土宗，他的弟子親鸞，又創淨土真宗。千百年來，山西交城的玄中寺，陝西西安的香積寺，乃是中日共奉的淨土祖庭。

禪宗，中國最大的佛教宗派，也是印度佛教完全中國化的標誌。有關禪宗的情況，將在第八章《法運禪風》中專題涉及，茲不贅述。

華嚴宗，以《華嚴經》為宗經，實際創始人是法藏。武則天賜法藏為

法相宗，又名唯識宗、慈恩宗，由玄奘及其弟子窺基所創，祖庭西安慈恩寺。此宗的基本思想，可以用「三界唯心，萬法唯識」來概括。由於它的思想體系比較複雜繁瑣，最忠實地保存了印度佛教瑜伽行派的學說，法理難以普傳，僅歷四代，便告衰微。

律宗祖庭淨業寺，位於陝西終南山豐峪口內，唐初道宣所創。

「賢首國師」，又稱「賢首宗」。華嚴宗的主要思想，是「法界緣起」說，認為宇宙萬物均由物質和精神兩方面構成，這兩個方面又互相依恃，圓融無礙。它對中國思想史產生過重大影響，特別對宋明以後形成的程朱理學，影響尤為明顯。華嚴宗祖庭，有五台清涼寺等多處。

密宗，又稱「真言宗」、「密教」、「瑜伽密教」、「金剛乘」，創始人為盛唐時從印度來華的善無畏、金剛智、不空三人，號稱「開元三大士」。密宗信奉《大日經》為宗經，重視秘密儀式，倡導「語密」、「身密」、「意密」，認為「三密相應」，即可立地成佛。密宗修法時，建壇場曼荼羅，形式內容極為奇詭。該宗經一行、惠果等相繼弘揚，曾盛極一時，但因其以印度佛教衰微期低俗的信仰為依據，在中國高度發達的文化環境中難以發展，僅歷兩代，即告消歇。現在西藏流行的密宗，與唐代漢地所傳不同，一般稱為藏密或喇嘛教，而稱唐代的密宗為唐密。不空居住過的西安大興善寺，是歷史上漢地密宗祖庭。日本僧人空海，曾從不空弟子青龍寺惠果學得秘法，回國創立日本真言宗。一九八二年，中日共

同復原青龍寺大殿，建空海紀念碑和惠果、空海紀念堂。密宗先德的勝緣，倒也從此輝光永駐。

在中國歷史上，佛教各宗派雖各具特色，彼此對立，但在道德觀上，以及如何指導其道德實踐的規範體系上，卻是大同而小異，或者說是基本一致的。而且，三藏經律論，書海茫茫，無非是講戒、定、慧三字，經講戒字，律講定字，論講慧字。簡言之，立戒能妨禁惡業，禪定使人澄心淨慮，智慧教人明理解惑。所以，佛門又有這樣的譬喻：戒如捉賊的劍，定如縛賊的繩，慧如誅賊的刀。從根本上看，戒定慧三學，也是佛教借以匡世的三綱。歷代多少大德，蔬食苦行，傳戒明律，習禪修定，甚至斷臂焚身，捨生忘死，均是在用自己的方式，實踐佛門的匡世宗旨。

戒定慧三學，以「戒」為先。佛教最初沒有戒律，因為當初隨釋迦牟尼出家的僧人，信念都比較堅定，沒有非禮的行為，也用不著制定戒律來約束僧眾。據說直到佛陀成道後第五年，有一位比丘由於其母的逼迫，與出家前的妻子犯了淫欲，佛教的戒律才開始製定。以後，隨著僧眾增加，皈依者日眾，龍蛇混雜，時有不軌的事情發生，為了維護僧團的清淨莊嚴，保證僧人潛心修行，也為了避免外人誹謗譏嫌，戒律更愈發明確起來。

淨土宗祖庭，山西交城玄中寺。該宗所謂「淨土」，是指佛的國土，相對於現世居住的「穢土」而言。它主張依靠阿彌陀佛的願力，往生西方淨土，這就使得它在修行方法上，非常簡單易行。

中國釋門的戒法，主要是「五戒」，即不殺生，不偷盜，不邪淫，不妄語，不飲酒，這是僧俗共戒。此外，還有在家的「八戒」，出家的「十戒」，以及「具足戒」、「菩薩戒」等。這些戒律，構成一個防非止惡的嚴密之網，僧尼就生活在這張大網中，飲食起居，處處有規矩，事事有講究，一律都須嚴守戒律。從而使整個僧團整肅劃一，呈現了獨特的群體精神風貌。宋代大儒程伊川，有一日過定林寺，偶入僧人之堂，見僧人們徐行安步，伐鼓撞鐘，內外靜肅，一起一坐，皆契律儀，不禁感嘆「三代禮儀，盡在是矣」。這也不難理解，僧尼們長年累月生活在數百條清規戒律的規範之中，必然造就了他們獨特的倫理心態，塑製出他們獨特的行為品格。

佛教中經常講的一個故事，很能說明戒律對僧眾的道德影響力。據說，從前有個朝山化緣的和尚，一天

五台清涼寺，華嚴宗祖庭。華嚴宗以《華嚴經》為宗經，實際創始人是法藏。武則天賜法藏為「賢首國師」，該宗又稱「賢首宗」。

西安大興善寺,歷史上漢地密宗祖庭。密宗,又稱真言宗、密教、金剛乘。創始人為盛唐時從印度來華的善無畏、金剛智、不空三人,號稱「開元三大士」。密宗信奉《大日經》為宗經,重視秘密儀式,宣導「語密」、「身密」、「意密」,認為「三密相應」,即可成佛。

到了一戶豪富人家,走進門,正巧在大廳裡坐著一位少婦,聚精會神地在串珍珠,聽到門響,知有人來,抬頭看見一個年輕和尚托鉢化緣,少婦忙溜進後堂,倉促間把一顆珍珠丟在地上。這時,院子裡走來一隻白鵝,眼見晶瑩圓潤的珍珠,衝上來一口吞下,和尚目睹了這一切。少婦到後堂回過神來,發現少了顆珍珠,馬上命女傭到大廳尋找,遍尋不見。鑒於除了這個和尚來化緣,沒有人進過大廳,眾人追問和尚,和尚默默無語,於是眾人動怒,一陣拳打腳踢,和尚仍一言不發。在人們打鬧之際,那隻白鵝不慎被誰踩死。這時,和尚才開口道:「你們別打我了,珍珠在鵝肚子裡。」大家哭笑不得,問他為什麼不早說。和尚說:「我是佛弟子,要遵守戒規。我若早說,你們勢必要殺鵝取珠,我就犯了殺戒,若說沒看見,便犯了妄語戒,左右為難,還是不開口的好。」這樣的守戒,雖然未

三藏經律論，書海茫茫，無非是講「戒定慧」三字，經講「戒」字，律講「定」字，論講「慧」字。

免有些教條和迂執，卻也讓人感受到佛教道德倫理精神的神聖性，乃至佛教徒對佛教規範戒律的那份虔誠。因此，佛教典籍《咸淳清規序》自豪地說：「吾氏之有清規，猶儒家之有禮經。」

佛門的這套倫理道德規範，影響到民間，也產生了教化世俗的作用。史載在東晉時，「秦晉兩地，法化昌明」。盛唐時，《四分律》廣行南

北，貞觀、開元、天寶初年，社會那樣安定，三學匡世之功，不可忽視。後來的安史之亂，消歇了盛唐歌舞，也吹散了釋門清梵，世俗與佛家的秩序同時大亂。當此之時，若想維繫世道人心，便主要有兩個「藥方」，一是儒家的「禮」，一是佛門的「律」，前者用來重建仁義觀，後者用來守持定慧行。唐肅宗曾尋訪律學大德，儀範天下，又指定海內佛寺二十七所，請大德宣講戒律，教化百姓，還在南嶽大明寺置一部律藏——《毗尼藏》，昭示全國。唐代柳宗元

寫南嶽高僧碑文，記載了這樁佛門以律匡世的大事。如今，成都益門山寺的岩壁，有唐刻《毗尼藏》，四川金堂縣天官寺的岩壁，有《菩薩戒文》，上面雖然佈滿青苔，字跡漫漶，卻是律學匡世時代留下的痕跡。

任何文化的本質，歸根結底，都是塑造人格。佛教作為一種宗教體驗，要求僧尼出家離世，勤苦自修，慈悲為懷，普度眾生，正是佛教所具有的悲天憫人的人格觀的集中反映。

而宗教情懷，又常常意味著犧牲精神。因此，不可以隨便小看佛教徒們，能夠看破紅塵，擺脫世俗，割斷情絲，投身於空門之中，過著清磬木魚、青燈獨守的苦修生活，做一個無牽無掛的出家人，的確需要有超越自我的勇氣，這也是對人類意志與毅力的考驗。而且，也許恰是由於這份志在求苦而不覺苦的執著，佛教的人格觀，才愈發顯得深沉和悲壯。

翻閱中國佛教的幾部《高僧

出家生活，過得是一種和平寧靜、嚴謹儉樸、極有規律的生活。也許在佛教看來，唯有這樣的生活方式，才能保持僧眾內心靜謐恬淡、超脫清高，才能使他們的心靈上升到虛空無我的涅槃境界。

佛門五戒的近身感悟——五智門

傳》，絕大部分僧人，都能潔身自好，不趨勢附利。唐代韜光禪師，建茅舍於靈隱寺西峰，大詩人白居易作杭州刺史時，仰慕其名，特備素齋邀請他來，韜光答以偈句「城市不堪飛錫到，恐驚鴛鷺畫樓前」，白居易讀後，不勝欽佩這種道風，親自上山拜謁。無獨有偶，出家人不赴俗宴的故事，在近代也有一例。弘一法師居青島湛山寺時，除為弟子講律外，獨處一室，杜門謝客，青島市某要人敬慕弘一法師嘉言懿行，設齋供師，三請不赴，最後僅書一偈讓人轉達，偈云「昨日曾將今日期，出門倚杖又思維，為僧只合居山谷，國土筵中甚不宜」，一時傳為佳話。這不奇怪，中國的僧人大都住在遠離世俗的幽山深谷，踏著平靜恬淡、閑適舒緩的生活節奏，崇尚虛空清淨、淡泊無為的人格理想，必須時時避免靈與肉二元對立和衝突的可能。

前面講到法顯、鑒真求法弘法時不惜身命的態度，這實質上是中國佛教徒虔誠人格的體現。所謂虔誠，既包括全身心對佛教的皈依，也包括由皈依而引起的將自己獻給佛教事業的熱情。你看，佛教貶低塵世的價值，卻在幻想中賦予人生以永恆價值，佛

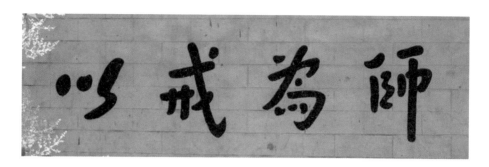

的靈光使人類顯得渺小，但同時也給
人生罩上了一圈神聖的光環。這種心
理素質，擁有神奇的巨大的能量，它
可以使出家僧尼將最難以忍受的痛
苦，變成最深厚和最持久的幸福，為
弘法利生不惜粉身碎骨。而這種心靈
的轉換，以及行為的付出，並不是出

佛教除強調「以法為師」外，還主張「以戒
為師」。就是說，既要求堅定理論信仰，又
要求嚴守佛門戒律。

自強制和約束，完全是自覺自願，去
實現有著深刻內涵的佛教義務，這就

四川省金堂縣天官寺菩薩戒文岩壁

受盡九磨十難了知世事無常

坐閱五帝四朝不覺滄桑幾度

任何文化的本質，歸根結底都是塑造人格。虛雲大師年屆一百一十七歲時，依然頭腦清晰，聲如洪鐘，健步行走，確與其獨到的修為有關。

是佛教常講的「難行能行，難忍能忍」。我們已講過歷代高僧捨身求法弘法的情形，在佛教史上，更有焚頂燒指和斷臂劓身，以示虔誠者。禪宗東土二祖慧可，當年在少林寺向達摩求法時，天寒地凍，跪在達摩身後雪達腰際，達摩仍不開口，慧可取戒刀毅然把左臂砍下，才獲傳法。這種斷臂求法的精神，要比宋儒的「立雪程門」，更為虔誠吧？

明白了這一點，也就好理解為什麼在民間傳說中，會有那麼多佛神高僧化顯神靈的故事。這與其說它們荒誕不經，莫如亦看作是佛文化的絢麗篇章。那無邊的法力，不可思議的神跡，洋溢著釋子們恢詭的奇想，也凝聚著眾生無量的期盼。

據說，古印度阿育王興佛天下，役使鬼神，一夜之間造起八萬四千座塔寺，中國找到十九座，分佈在十五

州，著名的西安法門寺，便是其中一座。也有佛像如何來中國的傳說，說阿育王女兒造的佛像，東晉時從東海飄浮到南京江岸，那載像的牛車是自己走進長干寺的。這些傳說，折射出佛教入華的早期史影，賦予它神奇浪漫之美。

《華嚴經》說，文殊菩薩住在東北方的清涼山上。據說中國的五台，就是清涼山，在今日五台的華嚴寺、竹林寺地方，有人曾見到文殊乘獅子往來，有時又見他化作牽牛老翁，向

禪宗二祖慧可立雪斷臂求法圖，日本室町時代僧人雪舟繪。

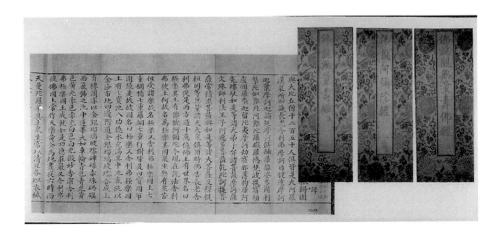

宗教情懷，常常意味著犧牲精神。這是明代
留下的血書淨土三部經。

人間傳佈念佛三昧。《華嚴經》又
說，觀音菩薩住在南方的補怛洛迦山
上。據說浙江的普陀山，就是補怛洛

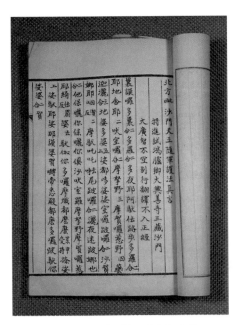

《北方毗沙門天王隨軍護法真言》書影

迦山，有人曾見到觀音出現在潮音洞
前。唐代以後，觀音顯靈的傳說特別
多，只宋代《太平廣記》一書裡，觀
音顯靈故事就有四十多個。顯靈的地
方，西起成都、甘肅，東至蘇杭，北
抵太原，南達嶺南，覆蓋大半個中
國。可以想見，一千多年前，民間觀
音崇拜多麼盛行。有個觀音眷戀普陀
的美好傳說——唐朝時，日本僧人慧
鍔在五台請得一尊觀音像，經四明回
國，船過普陀山，遇風不能行進，慧
鍔禱告說，此像若去日本的機緣還不
成熟，就請留在這裡，船果然晃動，
好像表示同意，慧鍔哀傷難捨，也在
普陀留下，供奉觀音，人們就稱此像
爲「不肯去觀音」。

　　在傳說中，佛神與高僧，更往往
是禦強敵、解危難、送醫藥、救饑寒

的人間保護神。有一年，吐蕃兵圍困涼州城，唐玄宗請僧人不空誦《仁王經》，請來毗沙門天王神兵，退敵解圍。事後，唐玄宗下令，各地都在府城西北角供養毗沙門像。今日各地佛寺，都有天王像，大概同這個傳說有關。又一年，甘肅靈武僧人無漏，念誦佛的名號，幫助唐軍平定安史叛軍。還有位名叫萬回的僧人，有日行萬里的神功，他從洛陽到遼陽，片刻往返，爲出征的士兵帶回平安家信。安徽壽州某僧人，感化了山中的吃人猛虎，保一方百姓平安。西方天王毗留博叉，將佛牙入藥，做成「天王補心圓」，派人送給唐僧道宣，良藥濟世，流傳至今。東漢外國僧人康僧會，唐代轉世，在越州民間行醫，夜半持燭火降臨民家，給產婦接生。九華山有位新羅僧地藏，能變石土爲麥麵，救濟饑民。安徽盱眙普光王寺僧伽大聖，是十一面觀音化身，死後一再復生，能用澡罐噴神水，救治病人，呼風喚雨，除旱保豐收，唐末亂兵，三次圍困盱眙，僧伽大聖都在塔頂現形，用神力擊退敵人。

　　如果認爲這些傳說根本不能相信，不過是對神佛高僧的迷信肆意泛

嵩山少林寺内，達摩「一葦渡江」石刻像。

濫，胡編亂造而已，那也要請你注意，這種神化也是以佛教所固有的文化品格爲依據的。請再看達摩「一葦渡江」的故事，更爲離奇而發人深思——他和梁武帝話不投機，從建康折一片葦葉，過江弘法。至今河南少林寺裡，有一方「一葦渡江」的石刻，畫面上一葉如舟，逆流而上，達摩揚袂凝思、不辭萬難的氣概，充盈眉宇。千餘年間，無數高僧的宏誓大

南宋道濟禪師銅像，坐落在杭州千年古剎靈隱寺內。這位後來被稱作「濟公」的和尚，手持破扇，貌似瘋癲，但卻能拯危濟困，除暴安良，彰善罰惡的故事，在民間廣為流傳。

願，都融匯在這傳奇故事中了。

　　還得說幾句與這有關的話，看過《濟公傳》的人，大概無不喜愛濟公這位「鞋兒破，帽兒破，身上的袈裟破」，半狂半顛，游戲世間人生，嘻笑怒罵，捉弄富豪惡奴，扶貧助弱，救人於危難之中的和尚。他以他的廣大神通，仗義執言，除暴安良，深得民眾的信仰和敬重。那麼，歷史上是否真有這麼一個濟公呢？歷史上，確實有過一個被稱為濟公的和尚，他就是南宋時杭州靈隱寺的僧人道濟禪師，民間傳說中的濟公活佛，就是以他為原型塑造出來的。從僧人道濟到活佛濟公的演化，不妨看作反映了中國老百姓的一種祈求神靈保佑的願望。而且，正是基於這種願望，在佛教曾經非常流行的中國社會，人們才不厭其煩地賦予佛菩薩這樣那樣的神通。總之，若不僅是從佛教徒的人格

意識上，更從整個佛教的文化品格上，來看待以上神奇古怪的傳說，一笑了之也就罷了，你就不會立刻擺出一副無神論者的姿態來，那沒有必要。

最後，再談談佛教的教化游方之舉。有說道，「九州佛法，隨方而化」，游方傳法，乃是釋門弘教的重要方式。中國的佛教，僅僅在數百年裡，便從細流匯成波濤，游方教化之功，不可沒。歷代的釋子們，敝衲芒鞋，托鉢遠行，寒落荒村，隨處行化。他們那持願忍行、百折不回的執著，也顯示著志向的高遠，信仰的堅貞。

天台宗智顗大師，發願敷化西楚，自建康溯江而上，三過廬山，九向衡岳，西至江陵，東赴邗溝，大概是游方傳法的濫觴。盛唐時，佛法一度由東向西流傳，有些從長安、冀州、岷州等地西游行化的高僧，後來常駐龜茲、于闐、疏勒、

焉耆等西域諸國，成為那裡的大寺寺主。著名的「華嚴疏主」澄觀，先後在吳越、巴蜀、關中、河汴、汾晉等地留下行蹤。馬祖道一雲游，行跡所及，到過今四川、湖南、湖北、江

禪宗洪州宗祖師馬祖道一雕像

智顗大師肉身塔，在今浙江剡縣太平鄉佛隴山崗。

無數艱辛。關於佛教如何風靡唐代民間，史籍有這樣的記載：杭州一僧，勸化十萬百姓轉經；澤州高平民眾，十分之九信佛；趙州鄉間的清信士，遍佈每處村邑；大江以北，直達太行山，老百姓皆是佛民。無量法事，無盡香火，無數釋子，僕僕風塵，都從中隱約可見。高僧游方，在向人說法的同時，多以化緣造寺為福田。隋唐時代，智顗、慧雲、道一造寺之多，名著史冊。智顗行化一生，共造寺三十六所，丹陽棲霞、杭州靈岩、天臺國清、荊州玉泉四寺，都是智顗手創，號稱「天下四絕」。慧雲一生，造寺二十多所，廣佈洞庭、錢塘、荊郢，以至北方的河濮等地，號稱「造寺祖師」。道一雲游數千里，創立佛寺近三十所，分佈在十二個州，二十餘縣。

西、福建五省。福州雪峰山的義存大師，自吳楚，過梁宋，達幽燕……像這類雲游四方、廣行教化的事跡，史傳裡的記載，多不勝數。唐昭宗時，有位僧人做了一首《贈行腳僧》詩，寫道：「世界曾行遍，全無行可修。炎涼三衲共，生死一身休。片斷雲隨體，稀疏雪滿頭。此門無所著，不肯暫淹留。」這首詩，描寫游方僧行色匆匆，也道出他們心中有

俱往矣！回首中國佛教史上歷代高僧大德的宏願偉行，你又能感受到什麼呢？即使如我們本不信佛，只是這樣一次匆匆的巡禮，也不難感受到

1937年七七事變後，弘一法師李叔同淒然淚下，用餐時對弟子說「吾人所吃的是中華之粟，所飲的是溫陵（廈門附近某地）之水，身為佛子，於此之時，不能共紓國難於萬一，為釋迦牟尼張點體面，自揣不如一雙狗子，狗子尚能為主守門，吾人一無所用，而猶靦顏受食，能無愧於心乎」，要弟子唸佛別忘救國。

在那貌似冷漠飄逸的外衣下，所掩蓋著的欲拯救人生於苦海的古道熱腸，能傾聽到他們思索人生、關注人生的內在呼聲。一代譯宗鳩摩羅什生前遺言：「今於眾前發誠實誓，若所傳無謬者，當使焚身之後，舌不焦爛。」逝後焚燒他的遺體，果然「舌不焦爛」。三論宗大師吉藏在臨終之時，

著《死不怖論》，說：「夫死由生來，宜畏於生。吾若不生，何由而死？見其初生，即知終死。宜應泣生，不應怖死。」寫完以後，筆落而卒。玄奘臨終之際，請弟子將他一生所譯的佛經目錄讀給他聽，聽完後，合掌欣慰，安然而逝。近代被譽為「絕代才華絕代姿，一生一世一篇詩」的弘一大師，度盡坎坷曲折，臨終絕筆「悲欣交集」四字，走完傳奇而短暫的一生。現代名不見經傳的良卿法師，為了保護法門寺地宮不被紅衛兵破壞，以身自焚，保住了稀世國寶，完成了涅槃道路……

弘一法師臨終遺墨

第四章

移風易俗

——看佛陀世容聽經聲佛號

移風易俗
——看佛陀世容聽經聲佛號

　　中國佛教徒，在人生方式、信仰活動和社會交往上，都與世俗百姓有著明顯區別。他們那獨特的修行習慣，構成了中國佛教文化的重要內容。這一方面來源於佛教本身的清規戒律，顯然留有古代印度社會風俗的痕跡，另一方面也受到中國本土傳統習俗的影響，是隨著佛教在中國文化圈裡的傳播，而逐漸形成的。這些風俗習慣一經形成，反過來又推動了佛教向民間的廣泛傳播。以至從某種意義上說，佛教風俗習慣的潛移默化作用，遠比譯經、講經、創宗、立說等傳教方法更為有效，更容易被社會底

層的普遍民眾所接受。同時，佛教的傳播，也對中國社會產生了移風易俗的作用。它不僅帶來了許多新的風俗，改變了許多舊的禮制，在一定程度上，還使中國古代的社會風氣為之一變。中國社會風俗習慣中所蘊含的佛教因素，有些甚至一直延續到現在。

佛教徒有出家和在家之分。出家男眾名「比丘」，俗稱「和尚」，也稱「僧」，女眾名「比丘尼」，俗稱「尼姑」。他們是佛教的主要實踐者和傳播者，在佛教中的地位極其重要，與「佛」、「法」並稱「三寶」。在家信徒，男眾稱「優婆塞」（清信士），女眾稱「優婆夷」（清信女），俗稱「居士」，他們的地位遠不如僧尼重要。因為僧尼出家之後，就完全拋棄了世俗生活的價值目標，宗教信仰成為他們的唯一追求，宗教精神滲透到他們的衣食住行、起居坐臥、待人接物等一切方面，形成

佛教徒在人生方式、信仰活動和社會交往上，都與世俗百姓有著明顯區別。他們那獨特的修行習慣，構成了中國佛教文化的重要內容。

了完全不同於世俗之人的生活方式。

出家僧尼和世俗之人，在外表上的不同，除了要剃除鬚髮之外（自元代始，僧尼還要在頭頂上燃香燙戒疤作為標誌，近年已廢除），在衣著上也有所區別，從而顯示出所謂「僧相」。按照原始教義規定，比丘只能穿「糞掃衣」，即從垃圾堆、墳場上撿來的破舊衣服，認為只有穿這樣的衣服，才可以遠離貪婪，有益於道心增長。後來，也允許接受居士施衣，並規定了僧服「三衣」，即「五衣」（由五條布縫成的襯衣）、「七衣」（由七條布縫成的上衣）、「祖衣」（由九條以至二十五條布縫成的大衣）。三衣，又稱「袈裟」，一般以赤色居多，上面點染青、黑、褐色。不過，漢地佛教自武則天依唐代三品以上的官員服紫的規定，賜給沙門法朗紫袈裟後，引起袈裟顏色的紊亂，已經不再拘泥於戒律的規定了。又由於中國氣候要比印度寒冷，僅有三衣不能禦寒，中國僧尼又為自己制作了一種稱為「海青」的圓領方袍的常服，多為黑色緇衣。至於穿著方法，則遵守原始佛教規制，偏祖右肩。為此，曾招致儒家攻擊，指責右祖為蔑

棄華夏常禮。東晉高僧慧遠撰寫《沙門祖服論》，為沙門右祖辯護，指出只是習俗不同，但這並不妨礙儒佛之間「仁愛」與「慈悲」的溝通，巧妙地堅持了沙門祖服的立場。然而，到後來，右祖還是因不合漢地習慣，而被廢除。現在，只有蒙藏地區佛教僧侶，仍保持這一習俗。

在飲食方面，佛教徒也有許多特殊的習俗。印度原始佛教規定，僧侶過午不食，認為過午以後是畜生鬼神吃東西的時候，故午後飲食不宜。這種習慣，在中國佛教寺院並未嚴格實行，中國僧侶一般早晚吃粥，中午吃飯。中國寺院，還實行素食習慣。本來，在印度原始佛教戒律裡，並沒有不食肉的規定，倒是規定可以吃三種淨肉，即「不見、不聞、不疑為我而殺之肉」，很有點孟子「君子遠庖廚」的意思。佛教傳入中國之初，也沒有普遍禁止食肉。大概從南朝劉宋時期開始，特別是由於梁武帝篤信大乘佛教，不但嚴禁食肉，認為「食肉斷大悲種子」、「食肉得無量罪」，連蒜、蔥、韭、薤、興渠等「五辛」，也不許僧尼食用，否則嚴懲不貸。而且，在佛教看來，「食為行

道，不爲益身」（《大智度論》）。因此，對食物要求不論精粗，只要能維持生命最低限度的需要即可。一切僧食必須平等，無論身份高低，都不能有差別。《僧祇律》規定，如有居士施食給上座和尙，上座和尙必須問是否一切僧人盡得，只有當僧人們個個有份，上座和尙才能接受施食。寺院僧衆，一般須在同一齋堂一起用齋。用齋時，以鳴鼓三聲爲號，然後按次序排列。早齋和午齋前，當依

《二時臨齋儀》規定，以所食供養諸佛菩薩，爲施主回向，爲衆生發願。開齋與齋畢離席的動作，依鳴椎爲號，不得自由行動。碗筷的擺法與取菜吃飯的方式，也有一定之規，如不得將口就食，不得將食就口，取放碗筷不得有聲，不得咳嗽，不得抽搐鼻子，不得打噴嚏。此外，還有齋前要唸供養咒，齋後要唸結齋咒，等等。

印度佛教戒律規定，僧侶不準「掘土墾地」，認爲鋤頭入土會斬斷

在釋門，嚴整自律的教團秩序，協力均等的禪林生活，利樂有情的三寶教化，曾經像清風拂去塵霧，似燭火劃破無明，啓萌著凡界閉鎖的心智，撫慰著人間疲憊的心靈。

蚯蚓，搗毀蟻窩，切碎螺蚌，同樣是在傷生害命。這就導致僧侶絕不參加生產勞動，一味依靠乞食為生。中國僧侶最初也是這樣，但在重視農耕的中國社會，乞食為生難免受到責難。為此，唐代百丈懷海制定禪林清規，倡導「一日不作，一日不食」的農禪生活，要求全體僧人都參加生產勞動，以求自給，主持和尚還須率先躬親，為人模範。據說，百丈懷海本人到了晚年，仍耕作不輟，弟子們過意不去，偷偷地把他的農具藏起來，他找不到農具，一天沒有下田幹活，就一天不吃飯。這種身體力行的高風，

佛教戒律嚴格，處處有規矩，事事有講究，僧尼和信眾長年累月生活在數百條清規戒律的規範之中，必然造就了他（她）們獨特的人生心態，塑製出他（她）們獨特的行為品格。

對後世僧尼堅持將宗教修持與生產勞動相結合的傳統，不無激勵。

幾位尼姑，在河邊洗衣裳。

　　在睡眠方面，佛教要求僧侶盡量減少睡眠，認為過多的睡眠會使人精神萎靡，影響修行，睡眠姿勢是右脅在下方的側臥，稱為「獅子臥」。當然，在走路、下床、出屋、上廁所時，也都有一定之規，使僧侶們時刻不忘出家人的身份。在交際禮節方面，凡遇師長、前輩和同參道友，都須行禮。一般來說，對於尊長行較重的禮法，即五體投地的頂禮，對於平輩則行問訊禮，曲躬合掌而已。在僧團裡，比丘尼的身份低於比丘，故女眾不問地位高低，都須向比丘行禮。按照律法規定，有些場合是不須作禮的，如自己在讀經或持經時，長輩在低處而自己在高處時，長輩在臥時、嗽口時等，都不須行禮。另外，律法還規定，出家僧尼不得禮拜君主俗親。這一規定，顯然與中國傳統倫理觀念相衝突，故經過長期的辯論抗爭後，中國佛教徒不得不改變了這一禮儀制度。

　　佛教僧侶出家後，必須在寺院居住。但與此同時，也有讓他們游方參

此圖表現佛教禮敬三寶中的「恭敬僧寶」，反映古代社會俗人對僧人的尊重。

各寺院普遍實行「早晚二課」制度，即早晨與黃昏在大殿舉行拜佛誦經儀式。到明代，又逐漸統一爲每日「五堂功課」。按照佛教傳統習慣，僧眾還須每半個月（農曆十五、三十日）集體誦讀《戒本》一次，同時誠意檢討有無違犯戒律的行爲，若有違犯，便向眾僧或長老坦白與懺悔。這種習慣，稱爲「布薩」。在禪宗和淨土宗盛行以後，中國寺院多實行「打七」的宗教活動，即在七天之內，僧尼完全摒除外緣，一意精修，睡眠說話都減少到最低限度。每年夏季四月十五日到七月十五日的三個月中，僧尼們聚居在一寺之中，不得隨意他往，一則防止在雨季因四處游方而踐踏蟲蟻等生靈，二則可以作短期的專心修行，稱爲「結夏」、「安居」、「坐夏」。七月十五日，安居日滿，僧眾便集合一

請的可能，即辭別師長，四出游歷，尋師訪友，請益佛法。如趙州從稔禪師，八十高齡還雲游四方。在中國，又曾出現過一種寄居在官僚勢要之家的「門僧」，也稱「家僧」、「門師」。這些僧尼，往往妄托與某施主有彼此注定的因緣，接受其供養，並爲主人做功德佛事。這種由出家人變成官宦人家的家人的風氣，唐代大盛，惹得朝廷幾次詔令禁止。

關於僧尼的日常修行，中國佛教各宗，有不同的規定。唐代以後，

堂，互相舉發一切所犯不合戒律之事，以相策勵。這叫作「自恣」。經過自恣後，標誌受戒的年齡增長一「臘」，所以坐夏也稱「坐臘」。

可見，出家生活過得是一種和平寧靜、嚴謹儉樸、極有規律的生活。也許在佛教看來，唯有這樣的生活方式，才能保持僧眾內心的靜謐恬淡、超脫清高，才能使他們的心靈上昇到虛空無我的涅槃境界。然而，畢竟存在著「食色，性也」、「飲食男女，人之大欲也」這個是人就有的問題。從原則上說，寺院的僧尼絕不能沾「飲食男女」這兩大欲望的邊，但這並不等於所有的僧尼就不想沾，或不敢沾。人的生理本能，人的七情六欲，也並非一進寺院剃了頭，唸上幾卷經，就可以根除。所以，據說當年鳩摩羅什在草堂寺爲後秦君主姚興及王公大臣們說法時，在高座上講著講著，忽然凡心大動，徑直奔向姚興，開口要女人，姚興忙送上兩位美貌的宮女，過了一年，兩個宮女便爲鳩摩羅什生了一對胖兒子。像鳩摩羅什這樣的高僧，尚且能被欲望的洪濤所擊垮，受到世俗享樂之風的誘惑，更何況那些普遍僧人了。故而，歷史上總不乏對渺茫的西方極樂世界失去信心

做和尚尼姑，要剃掉頭髮，這在佛教中叫剃度。剃度有兩重含義，一是頭髮代表著人間煩惱和錯誤習氣，剃掉頭髮就等於去除了煩惱和錯誤習氣，二是剃掉頭髮，意味著去除一切牽掛，一心一意修行。

僧人們在用齋

的僧人，衝出戒律清規的束縛，去偷嘗「禁果」，過著「亦僧亦俗，亦俗亦僧」的生活。明代擬話本小說《醒世恆言》卷三十九，把杭州徑山寺僧人至慧在男女上的心態，揭示得入木三分。作者這樣寫到——至慧一日遇見位美貌婦人，「神魂蕩漾，遍體酥麻」，但又無緣相會，不禁心中發狠：「我和尚一般是父娘生長，怎地剃掉了這幾莖頭髮，便不許親近婦人？我想當初佛爺，也是扯淡！你要成佛作祖，止戒自己罷了，卻又立下這個規矩，連後世的人都戒起來。我們是個凡夫，哪裡打熬得過！……難道和尚不是人身？」「難道和尚不是人身？」，問得真正絕妙。這一問，道出了寺院僧人在人的本性受到壓抑時的苦悶。

當然，這種衝破戒律清規約束、企圖偷嘗禁果的心理，如果只是心理而已，倒也罷了，有些僧人乾脆吃肉喝酒，破色戒害人。唐代元和年間，有個叫鑒虛的和尚，做俗人時本不知肉味兒，自做了僧人以後，不僅吃肉，還獨創了一套做肉的烹調方法，大行於世，人稱「鑒虛煮肉法」。《醒世恆言》卷三十九《汪大尹火焚寶蓮寺》，所寫的那些僧人，更完全敗壞了寺院的風氣。小說寫寶蓮寺中

的子孫堂最為靈驗，凡有婦女不孕，只要齋戒七日，到寶蓮寺燒香求嗣，在寺內特意安排的淨室中睡上一夜，回家準能懷孕。從來沒人懷疑其中有什麼奧秘，其實那並非真得是神佛靈驗，原來是僧人在夜間作怪。據有關記載，某些僧人受世俗的誘惑，除了吃肉喝酒破色戒外，還有不惜貪財聚斂坑害百姓的。如《拍案驚奇》卷十五，寫西湖口昭慶寺僧人慧空，大放高利貸，強佔人家房產。《醒世恆言》卷二十二，寫寶華寺僧人圖財害命，為了錢財，竟一氣殺死幾十口人。凡此種種，都深刻反映了在世俗社會風氣的熏染下，寺院風氣所發生的變化。特別是明清時期，整個社會風氣轉向對金錢的追求，奢侈，淫蕩，享樂，成為上流社會的主旋律。因而，即使像寺院這樣的清靜之地，也難免不受其影響了。

眾所週知，任何一種文化的移植，必須在廣泛傳播、逐步深入到人民大眾中去之後，才真正在這個社會站住腳跟，獲得了生機。然而，人民大眾又不可能像佛教僧侶那樣（他們多少總認得些字，讀得懂經書），去把握複雜深奧的佛教教理，去鑽研歷史發展造成的教理變化，或各宗派教理的相互衝突，他們只關心「有求必應」的現實利益，只能接受通俗易懂的道理，並採取自己所喜聞樂見的形式，去完成他們的宗教實踐。這就形成了各種民間佛教信仰習俗。

燒香拜佛，是中國民間最普遍的佛教信仰習俗之一。在印度原始佛教時期，佛陀否認存在創造宇宙萬有和主宰一切的神，要求教徒靠自身的修持和思維證悟來獲得解脫，並不需要建立偶像來頂禮膜拜。只是在大乘佛

章太炎說：「佛教的理論，使上智人不能不信，佛教的戒律，使下愚人不能不信，通徹上下，最是可用的。」

《摩訶僧祇律》封面

「朝山進香」的習俗，即到名山大刹去禮拜佛菩薩，這可能是受到禪宗僧侶游方參請的影響。你看，至今在五台、普陀山等處，仍能見到成群結隊的善男信女，身背黃香袋，沿著崎嶇的山路，一步一叩地來到香煙繚繞的佛菩薩像前，頂禮膜拜。

許願還願，是和燒香拜佛密切相關的一種民間佛教信仰習俗。其實，佛教原本沒有許願還願之說，只有「發願」。發願，是指信徒依據佛法精神而發出的一種自度度他的誓願，在一生中都依照這種誓願去奉行。發願時，通常是在佛像前口念佛號，行跪拜禮，然後讀發願文，最後報上自己的姓名，即告完成。也可以在拜佛之後，簡單地說出自己的誓願。發願的本旨，在於堅定佛教徒的信仰之心，隨時激勵、引導和匡輔自己的宗教實踐。後來，在中國逐漸演變成燒香拜佛時許願還願、祈福禳災，包括求子、求財、求官和求袪病免災、長命百歲等等。這種發願的內容，主要已經不再是在內心產生佛教的精神力量，而是對佛教作出某種實際的允諾，如聲稱只要佛菩薩靈驗，日後一定來「重修廟宇」、「再塑金身」之

教興起之後，才主張通過對佛像的禮拜，來體認自己的宗教感情。由於傳入中國漢地的，主要是大乘佛教，所以中國佛教一開始，就十分重視禮拜佛像。禮拜時，必須焚香敬禮。因為，按照佛經上的說法，香為信心之使，凡夫俗子與佛隔越，故須燒香遍請十方佛菩薩，前來接受供養。善男信女禮佛時，須五體投地，頂禮膜拜，五體投地指兩肘、兩膝和頭部都要著地，頂禮即用頭頂佛菩薩之足。明代以後，中國佛教徒中還出現了

類，很有點和佛菩薩做交易，乃至在巴結和賄賂佛菩薩之嫌了。

吃素，唸佛，誦經，也是在中國民間廣泛流傳的佛教信仰習俗。按照佛教規定，出家僧尼必須終身堅持素食，在家信徒則分別在三長齋月（正月、五月、九月的初一至十五日）、四齋日（每月的初一、初八、十五、二十三日）、六齋日（每月的初八、十四、十五、二十三、二十九、三十

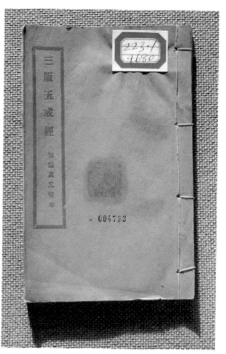

《三皈五戒經》，三皈是皈依佛、法、僧三寶，五戒是不殺生，不偷盜，不邪淫，不妄語，不飲酒。皈依三寶，是進入佛門的起步；受持五戒，是學佛須遵守的基本法則。

關於信仰佛教，一定要看破紅塵之後，才能學佛嗎？是否必須放棄現有生活的享受，才能學佛？佛教徒可以有感情生活嗎？在家學佛行嗎？佛教認為，都行。別看佛門那麼多清規戒律，卻又好像是最不願意難為人的宗教，經常開啟方便法門。

日）、十齋日（每月的初一、初八、十四、十五、十八、二十三、二十四、二十八、二十九、三十日）持齋。當然，也有許多在家信徒，自願永斷葷腥，持長齋。一般佛教徒，都在吃素持齋的同時，唸佛和誦經。唸佛名號，是為了想像佛陀偉大的事跡、德性和莊嚴形像，祛除內心的污染，進入寂靜的涅槃境界。誦經，本指借讀佛經來理解經義，再依經義來修行，可是

印度僧侶絕不參加生產勞動，一味依靠乞食為生，中國僧侶最初也是這樣。但在重視農耕以農為本的中國傳統社會，乞食為生難免受到責難。為此，唐代百丈懷海制定叢林清規，宣導「一日不作，一日不食」的農禪生活，要求全體僧人都參加生產勞動，以求生活自給，主持和尚還須率先躬親，為人模範。

在中國民間佛教裡，並不注重能否通曉經文的意義，認為只要唸出聲來，即有一種不可思議的願力，會產生神秘的感應效驗。

造像造塔，修建寺院，更是中國佛教徒祈福禳災的重要功德。關於建造寺塔的情況，我們將在第五章《伽藍浮圖》中專題涉及，關於造像情況，將在第六章《絢彩祥光》中專題

述及。這裡，只談談普遍百姓從事造像、造塔、刻經、建廟和其它大型佛事活動時，經常採取集資的方式，各種社邑組織應運而生。佛教傳入中國後，在南北朝時，就出現了由共同信仰佛教的百姓組成的法社和義邑。後來，這種法社義邑，在民間一直十分流行。他們的主要活動，是共同出資修理蘭若和佛堂，造像建塔，還擴大到了集體唸經、齋會和俗講等活動中去。每個社邑，一般為幾十人，或一二百人。直到近代，各地還有淨業社和唸佛蓮社等團體。

法會是一種集體舉行的佛教儀禮，多以祈禱為主，更追求現實利

益。按其性質，大致可分為齋僧、禮懺、超度、紀念、放生法會等幾種形式。

齋僧會，是最早的法會。漢代笮融和漢靈帝，都曾設飯齋僧，梁武帝曾設千僧齋，北魏孝武帝和唐代宗唐德宗唐懿宗，曾設萬僧齋。與此同時，本以供養僧人為目的的齋會，逐漸演變成具有超度薦福、紀念報恩等用意的活動。如唐太宗曾為陣亡將士設齋行道，虞世南曾為疾病痊愈舉行千佛齋。由於這種施食思想的流行，除齋僧會之外，又出現了不分僧俗男女貴賤，不設任何差別，不限制人數，盡量供應免費飯食的「無遮大會」，所需費用皆由施主負擔。當然，能夠承辦這種齋會的，只有帝王或勳門貴戚了。相傳，梁武帝於中大通五年（五三三年）二月在同泰寺開講《金剛經》，設道俗無遮大會，參加者有三十一萬九千餘人。

禮懺，是一種以懺悔罪孽為目的的法會。在中國，各種懺法層出不窮，但多已不是施主自己真心悔過，而是給以財物，指定僧人代為修懺，舉行禮懺法會，也就成為一種僧侶職業。明代以後，僧侶應世俗之請而作佛事者，稱為「應赴僧」。這就使得

儒家強調「威儀三百，禮儀三千」，佛門同樣重視禮儀。據說，佛門禮儀，講究行如風，立如松，坐如鐘，臥如弓，一舉一動，皆須符契清規。

藏族歷來全民禮佛，有人即使千里迢迢，也會一路長頭磕去，絕不含糊。

寺院禮懺佛事，幾乎與貿易謀利無異了。

　　超度死者的法會，以水陸法會和焰口法會最為重要。水陸法會流行之初，主要是戰爭之後超度死難者的法會，後來則包括超度地方上的孤魂野鬼和自己的已故親友。由於這種法會規模較大，故富者可以獨立營辦，稱「獨姓法會」，貧者只能共財修設，稱「眾姓水陸」。焰口，原是密教的一種儀規，是一種施捨給冥冥之中餓鬼食物的活動，一般在重大法會圓滿之日或辦喪事期間舉行。超度法會，還應包括一年一度的盂蘭盆會，這將在下文述及。

　　紀念法會，包括佛菩薩的誕辰日、涅槃日、成道日，以及天子誕辰、國忌日舉行的法會。天子誕辰和國忌日，在宮中和寺院舉辦法會，這是印度和西域佛教完全沒有的，反映了中國佛教政治色彩的濃厚。中國民間放生習俗，雖然由來已久，但自佛教傳入後，才廣為流行，詳情將在第七章《慈心悲懷》中述及。

　　千百年來，中國佛教有許多節日，隨著佛教和中國傳統文化的逐漸

融合，這些節日也漸漸越出了寺廟的院牆，成爲民間普遍的歲時風俗——

農曆四月初八，是佛教最大的節日——佛誕節。這天，寺院要舉行「浴佛法會」，在大殿裡用一水盆供奉太子像（即釋迦牟尼誕生像），全寺僧侶和信徒用香湯爲佛像沐浴，以紀念佛的誕生。佛誕節，還有一種「行像」的習俗，即用寶車載著佛像，巡行城市街道。鑒於行像糜費較大，又驚動全城，很有點妨礙治安，後來漢地寺院多已不搞。民間在佛誕節，還要煎香藥糖水相互贈送，或者把大豆、青豆煮熟了，灑上鹽汁送

人，稱爲「結緣豆」。如遇風和日麗的天氣，寺院紛紛把藏經搬到陽光下照曬，村嫗們竟相稱頌佛名，並把自己背熟的經卷互相傳授，稱爲「傳經」。關於佛誕日究竟是哪一天，歷史上有許多說法。五代兩宋時，多以二月初八或十二月初八爲佛誕節。其實，二月初八是佛出家日，十二月初八是佛成道日，寺院內也都有相應的紀念儀式，與四月初八的佛誕日，不是一回事。不過，在雲南和蒙藏地區，都明確地把四月十五日作爲佛誕日，同時也是佛成道日、佛涅槃日。這也許是所依據的經典不同的緣故。

佛門功課之多，不亞於世俗在校學生。

所有傣族男孩，必須至少出家半年。俗話說
「小和尚唸經，有口無心」，那可不一定。
瞧這位在讀貝葉經的孩子，多麼認真。

農曆七月十五日，是古代祭祀祖先的中元節。自從佛教傳入我國後，與佛經故事《目連救母》相結合，演變成佛教節日盂蘭盆節。「盂蘭」是梵語，意思是倒懸，「盆」是漢語，是盛供品的器皿，傳說盂蘭盆可以解救祖先倒懸之苦。盂蘭盆是以竹竿斫成三腳，高三五尺，上端有一盞燈籠，拄上紙錢、紙衣帽一塊焚燒。民間相傳燈籠一亮，陸地上的鬼魂就會匯聚攏來，至於河裡的水鬼，則以放河燈來通知他們。這一天，家家戶戶都要在祖先牌位前，供上三牲、五牲或其它食品祭祀。對那些無家可歸的孤魂野鬼，各家也要從下午四時起，在家門口供上飯菜招待他們，否則便會受到報復。有些地方，還在盂蘭盆節時演鬼戲，薦亡度鬼，故民間又稱這天為「鬼節」。

農曆七月三十日，又是一個佛教節日，名為「地藏節」。地藏是釋迦牟尼涅槃後，彌勒佛未出世前，世間眾生賴以救苦的一尊菩薩。他曾發誓要在普度眾生以後，自己才成佛，常常現身於人間和地獄之中救助苦難。舊時飽受現實苦難的勞苦大眾，把他作為精神寄托，各地均有供奉地藏的廟宇，每年七月三十日，善男信女必來燒香膜拜。

農曆十二月初八，俗稱「臘八」。在佛教傳入中國以前，臘月初八，就是個祭祀祖先的日子。在佛教裡，臘月初八又是佛成道日，民間往往在這天用乾果五穀煮粥，稱為「臘八粥」。「臘八粥」，又稱「佛粥」，原是寺院僧尼煮來贈送施主的，宋代詩人陸游，即有「今朝佛粥更相饋」的詩句，漸漸廣傳民間，成為一種信仰習俗。

除此之外，中國佛教寺院還流傳著一些不見於經典的諸佛菩薩的誕辰

紀念日，如正月初一是彌勒佛生日，二月二十一日是普賢菩薩生日，七月十三日是大勢至菩薩生日，九月三十日是藥師佛生日，十一月十七日是阿彌陀佛生日，特別是二月十九日觀音生日，六月十九日觀音成道日，九月十九日觀音出家日，民間的紀念活動更為熱鬧，各地都要舉行觀音廟會。歷史上的普陀山觀音廟會，曾是人山人海，肩摩踵接，前來進香禮拜觀音的信徒絡繹不絕。有些婦女，往往從二月初一開始吃素，直到二月十九日為止，俗稱「觀音素」。這些中國佛教節日，充分反映印度佛教習俗在中國傳統習俗積漸熏染下的演變。

請注意，在佛教東來之前，中國民間幾乎沒有共同的系統完整的宗教信仰，在民間流行的，主要是自然崇拜、鬼神崇拜和巫術占卜之類的迷信。就連作為中國本土宗教的道教，也是在佛教的影響下創立和發展起來的。因此，談到佛教與中國民俗的關係，不能不首先看它與中國人原有的各種意識形態，是什麼關係。

自然崇拜，包括對天上、地下各種自然現象的神化和崇拜。自然界對先民們，曾有著一種完全異己的、具有無限威力的、不可征服的力量，使

西藏僧人冒雪聽經

鳩摩羅什塑像,值得後人憑弔。但他在講經時凡心大作,跑去跟姚興要女人生兒子的事,也非胡編亂造。

他們望而生畏,畏而仰之,把自然萬物想像成與人一樣,是有意識的,也是有意志的。他們用人格化的方法來同化自然力,從而創造了許多自然神。古代中國是個農業社會,風雨雷電等氣象神,地神、河神與農業神,便成為自然崇拜的主要對象。特別是雨神和河神的地位,顯得更為突出,因為水是農業的命脈,古代社會尤其如此。也許正是這個緣故,在佛教傳入中國後,佛經上記載的龍王便與中國民間信仰的龍神相結合,逐漸取代了雨神和河神,而成為司水之神。龍,本是華夏族的圖騰,在中國本土一直屬於動物神崇拜系統,以前並沒有多麼了不起的道行,模樣也不好看。佛經上的龍,則是佛教護法神之一,居住在大海之底的龍宮,有降雨功能,威風凜凜。所以,後來能興風作浪、呼風喚雨的龍王,乃是佛教之龍,而非中國的「土龍」。千百年來,我國民間到處都可以見到龍王廟,龍王成為求雨和避免洪水災害的主要祈求對象。這種風俗,無疑與佛教有關。

上天崇拜，是自然崇拜發展到殷商時代才產生出來的。不過，此後中國人雖然相信上天可以支配風雨雷電，可以影響人間禍福，也可以支配社會命運，但對於深不可測的上天究竟是什麼樣，畢竟無從具體想像。佛教淨土思想在民間流傳開來後，天堂與人間的距離被拉近了。《阿彌陀經》所描繪的「西方彌陀淨土」，國土平坦，氣候溫和，地以金銀瑪瑙等自然七寶合成，到處被奇花異草覆蓋，這裡的人民已經斷除了一切煩惱，一切物質財富都是社會公有，人與人之間平等相處，以至於無種族相，故無種族歧視，無國土強弱相，故無侵略戰爭，甚至無男女相，故沒有男子對婦女的壓迫，也沒有家庭的紛爭和拖累……總之，「其國眾生，無有眾苦，但受諸樂，故名極樂」。這幅美妙的圖景，一下子抓住了每個

燒香拜佛，許願還願，是中國民間廣泛流傳的佛教信仰習俗。但在許多人那裡，早已不是依據佛法精神發出的一種自度度他的誓願，而是來向佛菩薩求取個人利益，如求子、求財、求官和求袪病免災、長命百歲等等，並聲稱只要佛菩薩靈驗，日後一定來「重修廟宇」、「再塑金身」，頗有點在巴結和賄賂佛菩薩之嫌了。

吃素，並不等於吃齋。在佛教徒心目中，齋是清淨智慧法食，不僅因其不葷辛而已。

在苦難中掙扎的中國人的心靈。它不能出現在現世，而只能是在彼岸，於是人們對天的神秘感，逐漸被一種虛幻而具體的想像所代替了。佛教的西方彌勒淨土，在中國又被稱作「西天」，死後「上西天」，就成為人們的憧憬與希望。

鬼神崇拜，起源於靈魂不滅觀念。先民們相信人死後肉體是會消失的，但靈魂卻不會死亡，失去肉體的靈魂即鬼魂，他們生活在另一個世界，也要吃喝住行，也有喜怒哀樂，他們具有超人的力量，能夠對人的行為進行監視和賞罰。人們為了希望鬼魂不要作祟，不要對自己產生危害，就對鬼神設祭獻祀，消除鬼神的

不滿，向鬼魂表示屈服，取悅於鬼神。後來，那些對本氏族、部落作出一定貢獻的英雄或首領死後，其鬼魂也被尊之為神，人們也對他們的亡靈獻祭奉祀，祈求他們死後能像生前一樣，保佑自己的家族和部落。中國的鬼神崇拜，在民間始終有深刻的影響，滲透在人們的風俗習慣之中。佛教傳入中國以後，並沒有排斥和打擊民間的鬼神信仰，相反卻用三世輪迴與因果報應學說，去改造和充實這種信仰。中國民間崇拜的鬼神，於是分別在佛教的「六道」裡找到自己的位置：有的上了天，成了天界的護法天神，如關羽、李靖等；有的下了地，成為地獄的羅剎餓鬼。結論便是：行善者死後，可超生天堂，作惡者死後，要墮入地獄，神神鬼鬼在另一個世界的生活，成為每個人將來都不能逃脫的歸宿。鬼神崇拜，就這樣變成佛教教義最生動的註腳。中國民間廣泛流行的喪俗——「明七」、「暗七」，即人

死後喪家在七七四十九天內要齋僧誦經，則表明佛教傳入後，不但鬼神崇拜的觀念起了變化，連喪葬形式也佛教禮儀化了。

祖先崇拜是鬼神崇拜的發展，也是鬼神崇拜的一種形式。祖先崇拜和一般鬼神崇拜不同的是，它有長期固定的崇拜對象，並且與崇拜者有血緣關係。人們尊崇祖先的亡靈，定期舉行祭祀，認為祖先的亡靈會保佑子孫後代，賜予他們幸福。中國古時的祭祖活動，都是在宗廟裡舉行的，可到了漢代，民間逐漸出現寒食祭掃祖墳的習俗。這種習俗，起源於古代印度掃佛塔的禮俗，也是由佛教東漸造成的。這時的祭祖觀念，已不只是祈求祖先保佑，更恐怕香火斷絕，使祖先淪為孤魂餓鬼，子孫必落得不孝之罵名。古代祭祀祖先，皆用牛羊豬等牲宰，經梁武帝根據佛教不殺生思想倡導素食後，改用蔬食時果。這也是民間風俗的一大變化。

巫術是一種利用虛構的超自然的力量，來實現一定願望的法術。中國古代巫術相當發達，早在商代就有記載。佛教傳入之初，曾借助巫術在民間開展傳教活動，如漢魏時期一些來華的僧人，就聲稱自己能解鳥語，能使缽中生蓮花，能預知海舶從印度馳赴中國。後來，佛教也始終把各種巫術作為弘法手段，及至明代，許多和尚已經和巫師難以分辯。另外，自宋

中國民間，各種法社義邑，隨處可見。

紀念佛祖聖誕禮懺及浴佛法會。

元以後，中國民間出現了許多秘密結社，如白蓮教、彌勒教、大乘教、羅祖教等異教組織，它們大多是攝取佛教教義，利用巫術吸引群眾，才得以發展起來的。

　　總之，自漢魏以來，佛教在中國民間得到廣泛傳播，逐漸滲透到人們社會生活的一切方面，出現了「家家觀世音，處處彌勒佛」的局面，民間風俗習慣爲之一變。如人死以後，做小輩的，無論貧富，必須誦經唸佛，超度亡靈，否則便是不孝。久旱不雨，全村上下，無論男女，必須燒香拜佛，斷屠祈雨，否則便是不誠。七月十五日盂蘭盆會，里巷之內，不問是僧是俗，都要出份子錢演目蓮戲。許多佛教教義，也已成爲人們口耳相傳的俗語民諺，如「救人一命，勝造七級浮圖」，「人死如燈滅」，「色不迷人人自迷」，「滅卻心頭火，燃起佛前燈」，「遠處燒香，不如近處作福」，「求佛求一尊」，「閒時不燒香，臨時抱佛腳」，「做一天和尚撞一天鐘」等，幾乎家喻戶曉。初生嬰兒，父母唯恐其多病多災，要取個小和尚的名字爲乳名，或讓他穿和尚衣服，或寄養於佛寺，或拜僧尼爲

師，以期三寶加披，消災免難，長命百歲。中國傳統禮教要求婦女守節，夫死不嫁，甚至有自盡殉夫的所謂「節婦」、「烈婦」的宣傳。佛教在中國流傳開來之後，婦女守節的方式也有變化，許多婦女在丈夫死後，削髮為尼，青燈長夜，了此一生，即使那些沒出家的寡婦，也可以終身吃素唸佛，而無須殉死。這給她們的寂寞餘生，總算帶來了一絲逃路。

佛教不但影響到普遍百姓的風俗習慣，也改變了士大夫階層的風氣。自魏晉以來，便形成了士大夫和名僧交往的趨勢。佛教那離俗無執、慈悲恬淡的風範，深深地感染了當時的士大夫，造成了中國士風的轉變。也就是說，戰國以來那些搖唇鼓舌的辯士，朝秦暮楚的游士，一諾千金的俠士，已經不再為後世士大夫所讚賞。相反，倒是印度佛教裡那個不與世爭、不著世相、慈悲待人、恬淡寡欲的大居士維摩詰，才是他們心目中的理想人格。這就是為什麼許多士大夫，樂於以居士自詡，如白居易自稱香山居士，蘇軾自稱東坡居士，李贄自稱溫陵居士，王維乾脆取名王摩詰。他們無不對佛法津津樂道，對法性孜孜以求。兩宋時期，士大夫們更以說禪為時髦，雖然多數人並不真能

佛教徒慶賀觀音聖誕的香會。

殷富，往往能無償供給貧苦士人食宿。元代雜劇《西廂記》裡的書生張珙，不正是因往普救寺讀書遇見崔鶯鶯，才惹出那場千古風流韻事來麼。

佛教在中國民間的廣泛傳播，改變了許多舊的禮制，也產生了許多新的習俗。如土葬原是我國傳統的葬法，民間一直有「入土爲安」的喪葬觀念。漢代以前，人們把焚屍視爲奇恥大辱。戰國時，燕軍攻下齊國即墨城，掘齊人冢墓，大燒死屍，齊人「望見皆涕泣，俱欲出戰，怒自十倍」。但在佛教傳進中國後，火葬卻逐漸成爲僅次於土葬的一種主要葬法。另據史載，唐代寺廟往往在佛教節日或固定日子舉辦「廟會」，遠近

佛門超度亡靈的水陸法會。

參透禪理，卻也常把禪宗的公案、偈語掛在嘴邊，已成爲一種風雅。唐代以後，士大夫還喜歡借寓寺院讀書，因爲寺院環境清幽，藏書豐富，當時高僧又多爲碩學之士，加之寺院經濟

焰口法會場面

百姓幅湊而來，稱爲「趕廟會」。這種風俗，在宋代以後，更爲盛行。《東京夢華錄》上說，當時開封相國寺爲百姓交易之所，每月開放五次，各種珍禽異獸、日用什物、筆墨紙張、繡花飾品、古玩圖書、土產香藥，應有盡有。清代《南部新書》記載，當時的社會娛樂場所，也都集中在寺院。寺院廟會，不但打破了唐以前國家嚴格限制商品經濟發展的坊市制度，而且還萌生了中國最早的典當業，寺院即爲商人貿易之地，商人一時資金周轉不靈，將貨物抵押給寺院，以高利借貸，這也是常見的事。

某寺院舉辦地藏節

佛教的傳播，還影響到中國民間的飲食習俗。現今，茶葉已是中國人最普及的飲料。但據文獻記載，茶葉最早是作爲藥物用的，約在南北朝時隨著佛教的興起，才產生了飲茶之風。特別是唐代以後，禪宗日盛，更使飲茶習俗風行天下。佛教寺院提倡飲茶，也重視生產茶葉，許多寺院都

普陀山觀音廟會

這位藏族老年婦女，為表示對佛祖的虔誠，一生都在搖轉手中的經筒，以祈死後能「上西天」。

設有茶場。中國的許多名茶，最初都產於寺院。如蘇州洞庭山碧蘿春，原名「水月茶」，即產於洞庭山水月禪院。福建烏龍茶，源於武夷岩茶，宋元以來，以武夷寺僧生產的最佳。相傳著名的茶具紫砂陶壺，也是明代江蘇宜興金沙寺一位老僧創製的。飲茶之風，還隨著佛教傳佈，影響到朝鮮、日本等國，成爲這些國家的重要民俗。

　　最後，談談佛教與社會公益。在私有制瀰漫的階級社會裡，諸如架橋鋪路、掘井造林、救災濟貧之類的事情，都要花費相當多的資金，但對於受益者來說，又是無償享用的，這是一個很大的矛盾。那麼，這些社會公益事業，在古代中國究竟由誰來組織興辦呢？最初，是由國家來承擔的。後來，民間自辦逐漸成爲主要方式。

在地廣人稀的青藏高原，到處都可見到形形色色的瑪尼石，即上面刻有「唵嘛呢叭咪吽」六字真言、佛眼、佛像及各種吉祥圖案的石頭。它的作用是，供人們隨時隨地祈福禳災，轉經禮拜，匡正自己的思想行為。尤其是在遠離寺院的地方，瑪尼堆更成為人們精神生活不可或缺的寄託之所在，擔負起經堂和道場的部分功能。

民間自辦公益事業的興起，一方面是社會需要，另一方面也與佛教的傳播有關。大乘佛教倡導一種福田思想，即主張如能廣行佈施，就能積聚功德，成就佛果。這種思想，成為古代社會公益的指導思想。同時，由於僧侶是出家人，大家認為他們能夠不辭勞苦，專心致力於公益事業，又有從事勸募化緣的經驗和受戒律約束、不貪不偷的特點，因此就成為組織興辦社會公益事業最理想的人選。在古代中國，佛教徒經常參與的社會公益事業，主要包括如下方面——施藥治病：中國古代醫院，即起源於佛教，僧侶中代代不乏名醫出現，有些寺院常主動收容救治病人，對於死去的病人或客死異鄉者，也擔負起了料理喪葬的義務；救災濟貧：一般佛教徒多愛好佈施貧窮者和老弱孤寡者，這對於緩解不幸之人的無告人生，也許不無小補；架橋鋪路：隋唐以後，這種事情特別和佛教思想聯繫起來；掘井造林：歷史記載不計其數，古代天下名泉，幾乎全為寺僧所掘，佛教徒們還積極參與興修水利，乃至凡有佛教寺院之處，便見綠樹掩映，裝點著祖國錦繡河山。

凡此種種，皆可見歷代佛教徒熱心公益、造福百姓的無量功德。

第五章

伽藍浮圖

——曠世奇觀的輝煌與神秘

伽藍浮圖
——曠世奇觀的輝煌與神秘

「天下名山僧佔多」——這句話，道出了中國佛教文化於地理分佈上的特色。其實在中國，不入名山，也可處處見到寺塔高聳的梵宇琳宮，妙相莊嚴的法堂寶殿。它們是那樣惹人注目，無不以其似乎功濟大千、惠流塵境的伽藍浮圖氣息，顯示著只有在華夏土地上才會出現的佛國氣象。

是的，遊遍了敦煌、雲岡、龍門、麥積山，閱盡那五台、普陀、峨眉、九華山歸來……再放眼其他南傳北傳之佛教盛跡，如果深切瞭解釋迦牟尼的基本教義，你就會發現，好像唯有咱們中國的佛家叢林，確能與他的本意不相違背。這是什麼緣故？不妨客觀地說，凡是自己沒有悠久博大的文化傳統的民

如今世上，大概只有在西藏山南地區，還能見到不違背釋迦牟尼本意，堅持在所謂「精舍」、「支提」、「蘭若」中修行的佛徒。

族，縱然佛光普照，它本身仍無力滋茂出偉大成就。所以，當達摩大師還在印度的時候，遙觀東土有大乘氣運，後來才不辭艱苦，遠涉重洋，放下衣缽，把佛法心印也傳留給中國了。

據說釋迦牟尼初創佛教時，並沒有固定的傳教說法場所，佛教史上著名的鹿野苑初轉法輪，即是在露天弘法。那時的佛教徒，也真能隨遇而安，屋簷，樹下，曠野，荒塚，鋪上隨身攜帶的坐具一領，或草織蒲團一個，兩足跏趺（俗稱盤

足），便心安理得地度此旦暮了。但是，隨著佛教的傳佈，皈依者日眾，僧伽組織的規模也越來越大，再這樣下去顯然不行。一些古印度的王公富豪，開始為僧人們提供用以安身修心、坐禪論道的固定場所，簡稱「精舍」。精舍內，有佛塔佛像，中間是殿堂，四周環置僧房。至於對那些嚮往山林靜穆、追求自由逍遙的僧人，則在高原地帶一些層巒疊翠、清淨幽雅之處，為他們依山開鑿石窟，在裡面建塔置房，稱為「支提」或「招提」。此外，還有一種佛教建築，叫「蘭若」，意為空閒處，即在村外道旁

中國歷史上最佞佛的君王——人稱「菩薩天子」的梁武帝蕭衍。

要晚二百年，大約直到東吳時期，一些高僧的身影出現在都會，江南才有了佛教建築。西元二二七年，康僧會從交趾北上建業（今南京），孫權給這位高僧造建寺院，江南第一座佛寺誕生。

不過，在這之前，無論北方，還是南方，朝廷只允許外來的僧人在都邑立寺，禁止漢人出家，佛教發展得還不快。自從晉武帝司馬炎廣樹伽藍，扶植佛教，當時長安、洛陽兩京的佛寺，竟迅速多達

建造可供一人或二三人修行的小屋，這往往是僧人自建的。凡此等等，均對後來中國的佛教建築產生影響。

中國最早出現的佛寺，究竟在哪裡？以往，一直認為是洛陽的白馬寺。其實，白馬寺的建成，只能看作是佛教立足漢地的象徵。因為，據《魏書》記載，于闐（今新疆和田）王城南有座贊摩寺，約建於西元前一世紀，當為我國最早的佛寺之一。唐代玄奘西行到于闐，曾見過這座大寺。

佛教來到中國的江南，比江北

隋文帝楊堅，自幼被比丘尼撫養長大，登極為帝後，對興建佛寺極為熱心。

一百八十所。至東晉南北朝時期，北方的都城姑臧（今甘肅武威）、長安、平城（今山西大同）、洛陽、鄴城（今河北臨漳），南方的都城建康（今南京），都成為佛教重鎮，佛寺雲集，僧人當路。而且，佛教在南方的發展，似乎比北方要快。唐初高僧法琳統計，東晉已有佛寺一千七百六十八所，而到梁朝「菩薩天子」梁武帝當政，佛寺數升至二千八百四十六所，百年內增加一千多所，這是我國最早的佛寺總數。陳朝末年，建康號稱「城內大寺三百，都下佛寺七百」，經聲干雲，清梵盈耳，儼然一個佛國，成為當時全國最大的佛寺聚落。

西元四五二年，北魏文成帝下令，各州縣可建佛寺一所。這位崇佛的皇帝不曾想到，通過朝廷命令的形式，按國家行政區劃，普遍設置佛寺，他是首創者。但北魏畢竟僅有半壁江山，按州縣在全國置寺，實際上是隋文帝楊堅的功德。楊堅自幼由比丘尼撫養長大，他在中國佛教史上做了兩件大

南朝時，就香火旺盛的雞鳴寺，原名同泰寺，乃梁武帝出家之處。

敦煌莫高窟前有宕泉河

事，一是廣造佛塔，二是普建佛寺。以至在短短十多年內，隋朝一百九十州郡中的一百三十個州郡，先後有一百一十一座佛塔和三千七百九十二所佛寺，拔地而起。唐代高僧道宣說，隋文帝時「道化天下，三分其二」，就是指隋代有三分之二州郡興起寺塔，為佛法所化。寺塔矗立一百三十州，雖然尚末覆蓋全國，卻已形成十一處佛教文化區群——一處特大區群，包括淮揚、吳會和東閩；六處大區群，分別是河北、河南、河東、關內、彭蠡贛南、湖楚荊襄；四處小區群，分別是隴右、嶺南、巴蜀、南寧。這十一處區群，北方五個，南方六個，漢地佛教文化群系，初具規模。

佛寺的一統群系，在唐代蔚然形成。唐初實行「每州一寺」，又興起建寺之風。只算朝廷批准登記的官寺，太宗時恢復到隋代的三千多所，高宗時增加到四千多所，玄宗時達到五千三百五十八所，逐朝遞增。這些官寺，分佈在全國大部份州縣。至於沒有登記的民間佛寺，那就更多，號稱「村村有佛堂，處處見蘭若」。中華佛寺之網，在各地又顯示為疏密不同的層區——長安、洛陽兩京和江南東部最密，每縣都有官寺；河北、河南、淮南、江南西部其次，百分

之九十的縣有官寺；
晉中、荊楚、蜀中、
滇中再其次，百分之
七十的縣有官寺；陝
北、河西、鄂西比較
稀疏，大約四分之一
的縣有官寺；嶺南、
黔中、川西最稀疏，
大約十分之一的縣有
官寺。一幅「震旦佛
國」的生動圖景，就

大同雲岡前有武州川

這樣映入歷史的天幕。只見萬千梵
刹，美輪美奐，寧靜而靈動，成為
中華大地上無處不在的風景線，從

此納入人們的視野，與山河為伴。

　　我國佛寺建築，主要有兩類，
一類是石窟，一類是寺塔。前者顯
然是受印度「支提」
建築的影響，後者
則仿佛是印度的「精
舍」。只是中國自古
就有著悠久燦爛的建
築傳統，對來源於印
度的佛教建築藝術，
絕不會無原則地照
搬，必然要加以改
造，從而形成完全中
國化的佛教建築風
格。

　　從西元四世紀開

龍門石窟靠近伊水

炳靈寺毗鄰黃河

始，印度佛教藝術迅速向東傳播，流風所及，在新疆的庫車、高昌，甘肅的敦煌、永靖、天水，山西大同的雲岡、太原的天龍山，河南洛陽的龍門，河北邯鄲的響堂山，山東濟南的千佛崖，江蘇南京的棲霞山，浙江杭州的飛來峰，四川的廣元、大足和雲南的劍川，相繼開鑿了一連串的石窟寺。其中，尤以莫高窟、雲岡、龍門、麥積山、炳靈寺五大石窟寺，最為著名。它們熔古代建築、雕塑、壁畫於一體，每處實際上都是一座綜合性的佛教藝術寶庫。

　　這些石窟寺，在選址上往往注意依山面水，與大自然充分融合在一起，以求徹底擺脫世俗生活的幹擾，取得清淨幽美的環境。如敦煌莫高窟前有宕泉河，大同雲岡前有武州川，龍門靠近伊水，炳靈寺毗鄰黃河，四川樂山凌雲寺大佛臨青衣、岷江、大渡河三水交匯處，山光水色，氣象萬千，山西天龍山石窟開鑿在海拔一千二百公尺的山崖

四川樂山凌雲大佛，臨青衣、岷江、大渡河三水交匯處。

上，這裡泉水潺潺，雲霧繚繞，高山流水，相映成輝。各石窟寺的形制和佈局，經過長期演變，也仿照漢地廟堂樣式，逐漸形成方形平頂、結合磚木結構軒廊的中國式石窟。至唐代武則天時期，各主要石窟寺，又都出現了大佛或以大佛為中心的造像組群，這是繼北魏以後開鑿大佛的另一高潮。唐代普遍採用露天大佛的形式，在大佛前形成廣場，便於人群瞻仰，或開鑿在崖面上，便於遠眺。四川樂山淩雲寺大佛，自唐玄宗開元初年始建，歷時九十年才鑿就，早期曾依山勢建七層樓閣，加以覆蓋。大佛通高七十一公尺，肩寬二十四公尺，是世界上最大的露天石刻佛像。

石窟寺的開鑿和加工，乃是一項綜合性很強的工程，與地形、石質、朝向、交通都有著密切關係。敦煌莫高窟屬酒泉礫岩，由卵石和砂膠結而成，經過開鑿的石窟，因卵石的大小、硬度、密度都不一致，給表面加工帶來了困難。所

天龍山石窟，在山西太原市西南天龍山腰，泉水潺潺，雲霧繚繞，始鑿於東魏年間。

以，莫高窟的壁面處理與造像，便借助於泥作彩繪，成為馳名世界的彩塑與壁畫的藝術寶庫。雲岡石窟和龍門石窟，是在砂岩和石灰岩上開鑿，石質比較細膩均勻，硬度適中，所以造像與壁面處理均用石雕，整個洞窟就成了一個大型的雕刻藝術空間。而在某些陡峻的山崖上，為溝通各石窟之間的聯繫，主要靠棧道。麥積山石窟的棧道，最高處距地面七十公尺，共有梯級

二十段，全長八百多公尺，上下重疊，左右穿插，巍偉壯觀，構成了麥積山石窟外觀上的主要特徵。敦煌莫高窟仍由於石質的緣故，多在窟外建造木構窟簷，現存唐宋木構窟簷五處。窟簷對保護洞窟，突出入口處，均起到很好的作用。同時，在堅實的崖壁上附以木構窟簷，可給人以親切感。另外，在石窟前加修殿堂樓閣，組成院落，也是普遍現象，儘管現在已不復存

在。據《水經注》描寫，雲岡「鑿石開山，因巖結構……山堂水殿，煙寺相望」。由此可知，在北魏時，雲岡石窟寺曾是石窟與木構殿堂相結合的大型建築群，很值得研究佛教建築史時注意。

麥積山石窟棧道

既然談到石窟寺，也說說佛教的危崖建築。山西渾源恆山金龍口西崖壁上的懸空寺，是中國現存規模最大的危崖建築組群。懸空寺始建於北魏後期，金、元、明代曾重建。寺內殿宇樓閣四十餘間，背西面東，自南而北。山門後的大殿，為寺內主要建築，此外有應樓、經閣、配殿與僧舍等建築。這些建築，均建在面寬僅二十公尺、進深不足十公尺的極其有限的空間內，採用順山崖凹進的走勢，比肩起殿。其中，碑亭、鐘樓、鼓樓、大殿、經閣都是重樓，而配殿又建在經閣之上。大殿院牆北邊，緊依峭壁，有南北高下對峙的兩座懸空樓閣，兩樓之間架一條三十公尺長的棧道，棧道南側又依巖起重簷危樓兩層。整個寺院建築，全憑在陡崖

佛教危崖建築，當屬山西渾源恆山懸空寺最為著名。整個寺院建築，全憑在陡崖上鑿洞插樑為基，樑上立柱，並與嵌固在峭壁上的斜撐相互連接成整體，比肩起殿，參差錯落，佈局有序而別致，實為古代匠師運用力學原理、解決複雜結構問題的典範。

河北正定龍興寺，始建於唐，現廟內摩尼殿、轉輪藏殿、天王殿，均為宋代建築。

上鑿洞插樑為基，樑上立柱，並與嵌固在峭壁上的斜撐相互連接成整體，參差錯落，迂迴曲折，既互相對峙，又彼此聯繫，佈局有序而別致，實乃古代匠師們運用力學原理，解決複雜結構問題的一個範例。

前面講到，中國的寺院建築起源於印度的精舍，是僧眾供佛和聚居修行之處。但在中國，它已發展為殿宇式建築，並用了表示官署名稱的「寺」字。這與它在印度時稱「精舍」，初入中國時稱「伽藍」相比，完全是中國化的概念。那麼，既然每一座佛教寺院，都是由眾多高大森嚴的殿堂所組成，這些殿堂是用來作什麼的呢？這裡，就介紹一下明清以來漢地寺院殿堂的典型配置。

殿堂是寺院中重要屋宇的總稱。大致地說，殿是供奉佛像、以供瞻仰祈禱的處所，堂是僧眾說法行道和日常生活起居的地方。其名稱，或按所供奉的主要神佛而定，或按用途而定。中國建築的營造法則，一般是把主要建築擺在南北中軸線上，附屬設施安在東西兩側。寺院的配置，也是如此。由南往北看，主要建築大體是：山門、天王殿、大雄寶殿、法堂，可能還有

藏經閣。這些都是坐南朝北的正殿。東西配殿，則有伽藍殿、祖師堂、觀音殿、藥師殿等。寺院的主要生活區，常集中在中軸線左側（東側），包括僧房、香積廚（廚房）、齋堂（食堂）、職事堂（庫房）、茶堂（接待室）等。中軸線右側（西側），主要是雲會堂（禪堂），以容四海之來者。此外，個別寺院尚有專供某些菩薩的文殊殿、三大士殿、地藏殿、羅漢堂等，多作為東西配殿，或在中軸線東西側另闢小院。

目前保留的最古老的寺院建築，是五台南禪寺正殿與佛光寺東大殿。前者建於唐德宗建中三年（七八二年），正方形，單簷歇山頂，殿內無柱，出簷深遠，斗拱造型極為獨特。後者建於唐宣宗大中十一年（八五七年），寬七間，深四間，單簷廡殿頂，正立面韻律鮮明，曲線優美，站在殿前西望，可以俯視整個寺院和遠處的河谷平川。浙江寧波保國寺，亦始建於唐，現遺留有宋大中祥符年間（一○○八～一○一六年）所建大殿，

五台山南禪寺大殿

日本人曾這樣說：「在中國，已經沒有唐代木構建築，要看中國唐代木構建築，就到日本的京都、奈良來罷。」1937年6月，梁思成夫婦來五台訪問，確鑿無疑地證實這裡的佛光寺東大殿，就是典型的唐代木構建築。

天津薊縣獨樂寺，始建於唐，山門是我國現存最早的廡殿頂古建築，門上懸掛的匾額，為明代權相嚴嵩所書。

是江南最古老的木結構建築物。位於北京房山縣的雲居寺，現保存唐代方形石塔八座、遼代磚塔一座。河北正定龍興寺，始建於唐，宋太祖開寶四年（九七一年）敕命重修，現廟內摩尼殿、轉輪藏殿、天王殿，均為宋代建築，三十三公尺高的大悲閣內，有宋代所鑄高達

二十二公尺的千手千眼觀音銅像。廣州光孝寺，始建於三國時期，現保存有建於南宋的六祖殿和大雄寶殿，並留有五代南漢所鑄鐵塔二座，該寺表現了當時南方的建築風格。天津薊縣城內獨樂寺，始建於唐，現存建築為遼聖宗統和二年（九八四年）重建，觀音閣高二十三公尺，是中國最古老的木結構高層樓閣建築，閣內有高十六公尺的泥塑觀音像及古代壁畫等。山西大同城內善化寺，亦始建於唐，今存山門、三聖殿、普賢閣是金代建築，大雄寶殿是遼代建築，內有五方佛及二十四諸天塑像，為金代彩塑。大同城內華嚴寺，也是遼金木構建築，分上寺、下寺兩個建築群，也有彩塑。山西洪洞縣廣勝寺，始建於唐，現存主要建築為元代遺物，分上寺、下寺、水神廟三處。杭州靈隱寺，始建於東晉，屢毀屢建，目前的建築是明清時代的，但大雄寶殿前的兩座八面九層石塔和天王殿前的兩座石經幢，是五代時吳越國遺物，又寺前飛來峰有許多石窟，存宋元以來造像碑刻甚多。以上介紹的，僅是保留有古

建築遺跡的寺院。此外，還有許多寺院，雖然始建年代很早，但今天所能見到的建築，都是明清以至晚近的了。

自禪宗在唐代興盛以後，禪僧往往游方學道，主要是尋師訪友，以求發明宗旨，故有「行腳僧」、「游方僧」、「雲水僧」種種美稱。這些僧人行蹤不定，但他們的目的是明確的——參拜大德和朝拜聖地。唐末，僧人主要朝拜四處：文殊菩薩聖地——五台，僧伽大聖聖地——泗州普光王寺，三階教聖地——終南山，佛骨聖地——鳳翔法門寺。南宋寧宗趙擴當政時，由於史彌遠的奏請，制定禪院等級，有「五山十剎」的規定，以杭州徑山的興聖萬福寺、靈隱山的靈隱寺、南屏山的淨慈寺、寧波天童山的景德寺、阿育王山的廣利寺為「五山」，杭州中天竺的永祚寺、湖州的萬壽寺、江寧的靈谷寺、蘇州的報恩光孝寺、奉化雪竇的資聖寺、溫州的龍翔寺、福州雪峰的崇聖寺、金華的寶林寺、蘇州虎丘的靈岩寺、天臺的國清寺為「十剎」，成為禪僧游方參請集中之地。到了明代，這些山剎久已衰歇，當時佛教界也少有可以指導諸方的宿尊大

雪後的靈隱寺，別是一番景緻。

南宋「五山」之一，浙江杭州徑山興聖萬福寺。

德，於是在佛教徒中出現了朝拜名山的習慣。一般佛教徒，集中朝拜的地方是四大名山，即山西五台、浙江普陀山、四川峨眉山、安徽九華山。四山之中，又以五台最為有名，明代曾有「金五台、銀普陀、銅峨眉、鐵九華」之說。除四大名山之外，還有寧波的阿育王寺和雲南的雞足山等，也是朝拜聖地。至於中國歷史上佛教八大宗派各自的祖庭，如天台宗祖庭天台山，三論宗祖庭棲霞寺，法相宗祖庭慈恩寺

和與教寺，華嚴宗祖庭華嚴寺和草堂寺，律宗祖庭大明寺，密宗祖庭大興善寺和青龍寺，淨土宗祖庭玄中寺、香積寺和東林寺，禪宗祖庭少林寺、山谷寺、四祖寺、東山寺、南華禪寺、福嚴寺、淨居寺、臨濟寺、溈山和仰山、天童寺、雲門寺、清涼寺、黃龍山、楊岐山、虎丘山、徑山等，均在朝拜之列。

從上述不完全統計，可以看到，佛教建築不僅深入到中國各地的名山，而且把這些名山化為佛教聖地。特別是四大名山，所在環境對佛教聖地的確立，大有關係。中

華民族自古就有崇尚自然、順應自然、與自然爲伴的傳統，佛教徒正是利用這一心理，選擇山青水秀的五台、普陀、峨眉、九華建造佛寺，借助大自然的感召力，求取更多徒眾的皈依。久而久之，隨著朝山進香的百姓日漸增多，寺廟盛名遠播天下，寺廟所處的山川也染上佛教色彩，人爲地憑添幾分靈性，從而更加深了人們對佛祖崇拜的虔誠。所以，這裡不妨用點筆墨，對四大名山的情況，略作涉及——

五台位於山西五台縣東北，因其方圓五百里內，有五座山峰廣平如臺而得名，古稱五峰山。相傳文殊菩薩經過五台，用東海歇龍石，把炎熱無雨的荒山禿嶺變成清涼無比的天然牧場，後世又稱其爲清涼山。五台佛教自何時始興，有幾種不同說法，但最晚到北魏時，肯定已經創建寺廟。經過北周武帝滅佛之難，隋文帝重新興佛時，下詔五頂各置一寺。唐高祖李淵自太原起兵而得天下，視五台爲龍興之地。後世宋、元、明、清各代皇帝，均曾敕建寺院。而自從五台確立爲文殊道場的地位後，一時僧尼達萬人

南宋「十剎」之一，浙江溫州龍翔寺。

五台風光

之眾，大德雲集，寺廟林立，香火不絕。西元一九五六年做了次調查，臺內臺外尚有青廟九十九處、黃廟二十五處。現存寺廟，臺內有顯通寺、塔院寺等三十九處，臺外有佛光寺、南禪寺等八處。時至今日，每值盛暑，前往五台朝拜消暑的人，仍絡繹於途。

　　普陀山，係舟山群島五百多個島嶼中最秀美的一個，地處寧波市以東。這裡相傳是觀音菩薩顯靈說法的道場。五代時，日本僧人慧鍔從五台請得觀音像歸國，船至此遇風不能前進，遂留下創建不肯去觀音院。自北宋以來，該山觀音信仰日盛，寺院漸增，僧眾雲集。明清兩代，更是大力興建寺院，著名寺院有普濟寺、法雨寺和慧濟寺等。宋代以後，凡往來於日本、朝鮮等國的海上行旅，常在此候風，禮拜觀音，祈求平安，使之成為名副其實的「海天佛國」。

　　峨眉山位於四川盆地西南緣，因兩山相望、形似娥眉而得名。主峰萬佛頂，海拔三千多公尺，山勢雄偉，峰巒挺秀，林木濃蔭。在方圓超過一百一十平方公里的大山中，鑲嵌著一座又一座琳宇梵宮，依山取勢，各具豐采。這裡相傳是普賢菩薩顯靈說法之處，於魏晉時開始建造佛寺，著名佛寺有黑

水寺和普賢寺。北宋太平興國六年（九八〇年），造了一尊重達六十二噸的普賢銅像，置於白水寺（今萬年寺）。現存建築，多爲明清建造，如萬年寺、報國寺、光相寺等。其中，光相寺被傳說爲普賢菩薩示現的靈場。

九華山，在安徽青陽縣，原名九子山，面積一百多平方公里。李白曾有詩云：「昔在九江上，遙望九華峰。天河掛綠水，繡出九芙蓉。」此山，即因此詩而得名。九華山在東晉時，便已有寺廟。唐永徽四年（六五三年），出家爲僧的新羅王子金喬覺，航海來到九華山，在此建化城寺，並一直住在這裡。金喬覺九十九歲圓寂時，肉身不壞，以全身入塔，安奉於月（肉）身寶殿中。金喬覺法名地藏，相傳爲地藏菩薩再世真身，九華山遂以地藏菩薩顯靈說法的道場而聞名。

在談過漢地寺院建築之後，讓我們把目光投向青藏高原和雲南邊陲，去領略一下藏傳佛教喇嘛廟建築和南傳佛教小乘建築，它們也是中國佛教建築藝術的重要組成部分。

藏傳佛教寺廟，俗稱喇嘛廟。

普陀山不肯去觀音院

峨眉山位於四川盆地西南緣，因兩山相望、形似娥眉而得名，主峰萬佛頂，海拔三千多公尺，山勢雄偉，峰巒挺秀，林木蔥鬱。光相寺乃峨眉精華之所在，也是傳說中普賢菩薩示現的靈場。

這些寺廟在建築造型上，與內地寺廟有很大不同。特別是青藏高原的喇嘛廟，更具有藏族建築的獨特風格。桑耶寺是西藏第一座喇嘛廟，初建於西元八世紀中葉，後於達賴七世時（一七○八～一七五七年）重建。桑耶寺的主要佛殿，都建在一個正圓形的圍牆內，中央是象徵世界中心的烏策大殿，周圍十二座殿堂，象徵須彌山四方鹹海中的四大部洲和八小部洲，四角白、綠、青、紅四座舍利塔，象徵四天王天，正南、正北有太陽殿和月亮殿，圓形的石牆，則象徵世界的週邊。桑耶寺完全按照佛教對世界的解釋，來進行總體佈置，是西藏喇嘛廟中佈局構思最奇特的範例。

西藏境內眾多的喇嘛廟建築，

從選址和佈局上，大致可以分為兩種類型——平川建築和山地建築。以大昭寺為代表的一批寺廟，是平川建築的典型。大昭寺始建於西元四六七年，當時是松贊干布營建吐蕃王宮的一部份，用以供奉文成公主從漢地帶來的佛像。以後，經過元、明、清各代擴建，特別是達賴五世羅桑嘉錯時期（一六一七～一六八二年）對大昭寺進行大規模改造，基本形成了今天的格局。大昭寺平面採用不對稱的佈局形式，主殿居中，四週不規則地環繞著佛殿、經堂和各類附屬用房。覺康主殿是供奉佛像的佛堂，主殿前是千佛廊院，院子四週環以方形立柱支撐的寬廊，廊內壁繪滿千佛故事壁畫，這裡是進行傳教活動的主要場所。寺廟的南院和正門兩側，建有活佛公署、經院學校、倉庫灶房，以及西藏地方政權機構噶廈的辦公用房。大昭寺不是單純的宗教建築，既是神權的象徵，又是政權的中心，充分體現藏傳佛教政教合一的特點。在大昭寺週邊，還有內、中、外三條轉經拜道，當地又叫朗廓、八廓和林廓。中拜道，以後發展為拉薩城的主要商業街道——八角街，而林廓環繞的地區，即為古拉薩城。

另外一類喇嘛廟，建在山巔或

九華山遠眺，地藏菩薩月（肉）身寶殿在此。李白詩云：「昔在九江上，遙望九華峰。天河掛綠水，繡出九芙蓉。」此山，即因此詩得名。

西藏首座喇嘛廟——桑耶寺

山坡上，依山勢隨意佈置，又稱山地建築。布達拉宮和哲蚌、甘丹、色拉拉薩三大寺，是這一類建築的傑出代表。布達拉宮最早建於西元七世紀，是松贊干布爲文成公主修建的宮殿，後因雷擊和朗達瑪兵燹所毀，僅留下一個修行洞和一座觀音堂。西元十七世紀後，布達拉宮經過達賴五世和達賴十三世兩次大規模修建，終於形成今天如此宏偉的雄姿。布達拉宮坐落在拉薩西北部紅山之巔，採取自由式佈局，主體建築外觀十三層，高一百一十七公尺，東西寬約四百公尺，向南俯視著拉薩城。西元一六四五年，達賴五世擴建布達拉宮，歷時八年，建成白宮部份。白宮東部的最高層，是達賴的寢宮，因終日陽光朗照，又稱日光殿。日光殿內，有達賴喇嘛的經堂、臥室、會客室等活動用房。白宮的其餘部份，有可容納五百名喇嘛誦經的殿堂以及僧官學校，還有供喇嘛們居住的康村。達賴五世晚年，又開始興建紅宮，於西元一六九三年建成。紅宮內供奉歷世達賴靈塔，其中以達賴五世的靈塔最大，淨高十四公尺，使用黃金十一萬九千餘兩，大小珍珠約四千顆，堪稱稀世珍寶。布達拉宮南側山腳下，是噶廈政府駐地，設有監獄、印刷所，以及作坊、馬廐

等，東、西、南三面圍有宮牆。紅山北側有一處幽靜的花園，稱龍王潭，建有龍王宮和大象房。布達拉宮佔地四十一公頃，雄偉壯觀，成爲西藏民族精神、智慧與藝術成就的象徵。

值得注意的是，無論是達賴喇嘛居住的布達拉宮，還是班禪喇嘛居住的扎什倫布寺，無論是後藏的薩迦寺，山南的桑耶寺，還是拉薩著名的三大寺，在建築上都吸取漢族的技術和藝術手法。例如結構上，採用藏族傳統的木柱、密樑和平頂，同時又施以漢式的斗拱及帶有舉折的歇山坡屋面。兩個民族的建築藝術，長時間相互融合，終於創造出光彩奪目、獨具高原風格的建築形式。然而，由於喇嘛廟不僅是宗教中心，而且又是行使統治權力的行政中心，藏傳佛教寺廟的功能，要比內地寺廟複雜，所以其建築規模也較大。像拉薩三大寺，每個都如同一個小城鎮，遠遠就可看到龐大的建築群佔滿一個山坡。進入寺院，街巷密佈，道路縱橫，每個寺院都有幾個大佛殿和經堂，蜿蜒的小巷中是喇嘛們居住的康村，此外還有由僧侶組成的各級神職機關，以及私人宅第，充分顯示藏傳佛教政教合一的宗教特色。藏傳佛教全民信仰的性質，又決定了寺廟

拉薩大昭寺

成為社會宗教生活的中心。在西藏，幾乎凡有人聚居的地方，就一定有寺廟。一般寺廟裡，都有兩三個經堂，最大的經堂，可容納數千人同時誦經，如哲蚌寺措欽大殿，面積達兩千平公尺。喇嘛廟內，宗教色彩異常濃厚，經道上排列著經筒，牆壁上有繪滿佛變故事的壁畫，佛堂內幡帷羅列，光線幽暗，偌大的經堂，只有天窗上射入的一束日光，投射在佛像上，佛像前數百盞酥油燈，日夜長明不熄，所有裝飾，都烘托著一股神秘壓抑的氣氛。這是在漢地寺廟中很少見到的。

藍天白雲下的布達拉宮

元代以後，喇嘛廟開始在西北地方及京畿周圍興建。青海湟中縣塔爾寺，是為紀念出生於此的宗喀巴大師建造的。全寺以宗喀巴紀念塔殿（又稱大金瓦殿）為中心，周圍排列著佛殿、經堂、學院、佛塔、活佛公署和僧舍等多組建築，形成一個龐大的建築群。甘肅夏河縣拉卜楞寺，也是一座藏漢合璧的喇嘛廟建築群，寺院內的聞思、續部上、續部下、喜金剛、時輪、醫藥六大扎倉，是甘南地區佛教的最高學府。清初，清王朝為了團結蒙藏少數民族共同抵禦外來侵略，鞏固清國家統一，在承德離宮週邊建造了八座寺廟。由於這些寺廟都建

拉薩哲蚌寺

在京師之外，人們習慣上稱之爲「外八廟」。這八座寺廟的建築形式，吸取西藏、新疆、蒙古以及江蘇、浙江一帶著名寺廟建築的特點，是一個多民族建築文化的大交融。普寧寺主殿大乘閣，即仿照西藏桑耶寺烏策大殿的形制建造。普陀宗乘之廟和須彌福壽之廟，則分別模仿西藏的布達拉宮和扎什倫布寺，以作爲迎接達賴喇嘛和班禪喇嘛進京謁見皇帝時的行宮。安遠廟的普渡殿，仿新疆伊犁固爾扎廟的形式而建。普樂寺旭光閣，又與北京天壇祈年殿的造型相似。這八座寺廟，有的採取漢族傳統的「伽藍七堂」對稱佈局，有的完全依山勢變化而分散佈置，有的是帶梯形窗的紅色高臺建築，有的在漢式坡屋面上鋪設燦爛的黃琉璃瓦，或金光閃閃的鎏金銅瓦。八座寺廟，以豐富多彩的建築形式，構成蔚爲壯觀的喇嘛廟建築藝術組群，至今仍吸引著世界各地愛好佛教藝術的人們，使每一位瞻拜者歎爲觀止。

雲南不僅風光旖旎，素有民族和宗教的博物館之稱。中國唯一完整保存南傳上座部佛教文化的地方，就在滇南和滇西南，即雲南西雙版納和德宏地區。具有濃厚南傳佛教風味的傣式寺院，不同於漢式寺廟，也不同於藏式寺廟，一般不

按中軸線對稱佈列，也沒有四合院式的封閉拘束，其佈局靈活多變。這裡的佛寺，又稱「緬寺」。西雙版納地區的緬寺，一般由佛殿、經堂、僧舍和塔等幾個部分組成。

甘丹寺內景

德宏地區的緬寺，則由佛殿、潑水亭、僧舍等幾個部分組成。從現存緬寺的建築格局分析，中國緬寺的建築程序，至遲在明清時代已經形成。而且，由於受到東南亞佛寺建築的影響，中國緬寺的建築風貌，主要體現著東南亞佛寺建築的韻味。

最後，讓我們流覽一下古代建築藝術中那枝晚出而獨秀的奇葩——佛塔的風采罷。

建造佛塔起源於印度，最初是用以保存釋迦牟尼屍骨的建築物，梵文寫作Stupa，音譯為「窣堵波」或「浮圖」。中國人在魏晉以後，專門造出「塔」這麼一個以前

色拉寺是喇嘛辯經的場所

沒有的漢字，來指代這些容易令人莫名其妙的概念，倒也從此省事得多了。據說釋迦牟尼死後，他的屍骨被火化，結成了許多晶瑩明亮、五光十色、擊之不碎的珠子，稱為舍利子。這顯然是後來對佛骨的神化。但由於釋迦牟尼故世，佛教徒無法再向佛祖的真身頂禮膜拜，便轉而向佛的遺骨——埋葬舍利子的窣堵波致意。因為在他們眼中，猶如佛即在此，同樣可表示自己虔誠的信仰。早期印度建的窣堵波，多是半圓形的大土塚，完全是墳墓的樣式。後來，為了禮佛方便，窣堵波也被移植到僧侶們修行的禪窟中，在裡面刻出許多小型佛塔。不久，隨著印度佛教密宗的興起，又出現了一種與窣堵波形式完全不同的塔——金剛寶座式塔。它供奉的是金剛界五部的主佛（五方佛），故在塔基上列中央大四隅小的五座塔，象徵著須彌山五形，塔座上還佈滿五方佛各自坐騎的浮雕。

試想，半圓墳塚式的窣堵波，與中國當時早已存在的巍峨高大的木構宮殿、樓閣相比，實在顯得形象黯淡，不足以供奉生前據說丈六金身的佛的舍利。因此，東漢明帝

扎什倫布寺，位於後藏日喀則尼色日山下，歷世班禪額爾德尼駐錫地。

青海湟中塔爾寺外八塔

時修建第一座佛塔——洛陽白馬寺浮圖，就採取了與我國傳統的樓閣相結合的方式，而把窣堵波的形象（圓盤式的相輪等）抬高到頂上，變成了「剎」。東漢中平五年到初平四年（一八八～一九三年），在徐州建的浮圖祠塔，也是「下為重樓閣道」，頂上「垂銅盤九重」。請注意，中國古建築中原有的高樓，是統治者用以誇耀豪華之物，並傳說是神仙的居所，秦始皇、漢武帝都修建過高樓臺榭，以迎候仙人。因而，在中國人看來，用這種建築來尊崇佛——這種比仙人還要高深莫測的神聖，當然是很合適的了。這是出現樓閣式塔的主要原因。

然而，對於一般下層民眾來說，修建高大的樓閣式塔，是難以辦到的，故而他們中的信佛者，採取了把窣堵波與傳統建築中較低矮的亭子相結合的形式。從敦煌壁畫中不少北朝和隋唐時期亭式塔的形象來看，它們的下部是一個木構的圓形或方形、六邊形的亭子，頂上加有帶相輪的剎。亭閣式塔，一般

為單層，有的在頂部加建一個小閣。它易於建造，後來也被許多高僧採用，作為墓塔。

到元代，窣堵波從尼泊爾又一次傳入中國內地，大事興建。它的塔身是一個半圓形覆缽，基本上還保存了墳塚的形式，上面安置有長大的塔剎。因喇嘛教建塔常用這種形式，所以又稱為喇嘛塔、藏式塔。明清時期，這種塔成了高僧、喇嘛死後墓塔的主要形式，人稱「和尚墳」。而南傳佛教的傣式佛塔，一般不很高大，以磚砌造，小巧玲瓏，富有人情味和親切感。其最大特點，是錐形的塔身和尖細的塔剎。塔身構成，又有群塔和單塔

兩種類型。傣語稱塔為「諾」，意即「竹筍」，確是對它維妙維肖的寫照。位於雲南景洪的大勐龍塔群和曼飛龍塔群，是傣塔中規模最大、年代最早的作品。橄欖壩的曼蘇滿塔，則是單塔中的代表作。

在敦煌四二八窟北朝壁畫中，很清楚地可以看到五塔的形式，表明印度佛教密宗的金剛寶座式塔，那時也傳入中國。不過，這種塔的興建，大多是明代以後，現存的實物，全國約有十多處。覆缽式塔和金剛寶座式塔，基本上承襲了印度的舊有樣式，但也有許多中國化的因素。如北京妙應寺白塔，坐落在

甘肅夏河拉卜楞寺

承德外八廟之普寧寺

大大減小。

周圍傳統的中國四合院式的建築環境中，顯得那樣和諧自然。又如直覺寺金剛寶座塔，與其原型印度佛陀迦葉金剛寶座塔相比，底座明顯加高，中間塔與四角塔的比例，又

還回到樓閣式塔。早期的樓閣式塔，都是木構的，是承襲傳統的木構建築技術而來，塔身多為四方形，後來又出現六邊形、八邊形、十二邊形。木塔的缺點，是易受風雨侵襲，特別是火災的破壞。隋唐以後，建塔材料轉向磚石，出現了以磚石仿木構的樓閣式塔和密簷式塔。木構或磚石構的樓閣式塔，內部都有樓層可登，且與外觀樓層相等或更多（塔內有暗層）。密簷式塔，則外觀層數比內

承德外八廟之普陀宗乘之廟

部樓層爲多。遼代開始，又出現了大批實心塔。而且，磚石構制的塔上，常常有很多仿木構造。如樓閣式塔，每層塔身上的門窗、柱子及塔簷上的檁枋、椽子、飛頭等，均用木構。密簷式塔的塔簷，也仿

承德外八廟之普樂寺旭光閣

照木構形式，只是上部塔簷層層相疊，幾乎看不出樓層，只有第一層塔身特別高大，門窗、柱子、鬥拱及佛龕、佛像等，都集中在這裡，是塔身的重點。

興盛於宋、遼、金二百年間的花塔，多屬於樓閣式一系。其主要特徵，是在塔身上半部裝飾著各種繁複的花飾，有巨大的蓮瓣，密佈的佛龕，或塑制出各種佛、菩薩、

雲南德宏地區緬寺

金剛寶座塔在中國出現，顯然是受印度密宗教義的影響，供奉的是金剛界五部的主佛，即象徵須彌山五形的五方佛。

天王力士及動物形象，看去好像一個巨大的花束。它的產生，一方面是我國佛塔從質樸向華麗發展，從可供登臨眺覽向純粹崇拜觀賞方向發展，另一方面，也受到東南亞一帶佛教寺塔越來越重視雕琢裝飾的影響。

　　毫無疑問，塔這種建築形式，受中國建築和文化傳統的影響是多方面的，各類塔都有各自的演化發展史，甚至在全國找不出完全相同的塔（雙塔、列塔除外）。一一敘說這些演變，似無必要，下面僅從各類塔的共同構造，略作描述。塔在地下有一部分獨特的構造——地宮，是受中國傳統的深葬制度的影響而產生，裡面主要是一個石函及一些隨葬物，石函中有層層函匣相套，最內一層安放舍利，儼然是一個小型的帝王陵寢的地宮。而在印度，舍利只是藏在塔內，並不深埋地下。塔的下層是基座，在唐代以後逐漸向高大發展，明顯地分為較低矮的基臺和較高大華麗的基座兩部份。喇嘛塔的基座，竟佔了塔高的三分之一，金剛寶座塔的基座，已成為塔身的主要部分，上面的塔反要小許多。這和古建築傳統一貫重視臺基的作用，有著密切的關

中國古塔多為樓閣式，這與佛教還沒傳入之前，中國已有用高樓臺榭迎候仙人的傳統有關。
在中國人看來，印度原始佛教那種半圓形墳塚式的窣堵波（塔），實在顯得寒傖暗淡，不足
以供奉生前據說丈二金身的佛的舍利，要尊崇佛這種比仙人還要高深莫測的神聖，樓閣建得
越高越好。

北京妙應寺白塔，其形制為覆缽式，座落在周圍傳統的中國四合院式的建築環境中，顯得那
麼和諧自然。

某地密簷式佛塔

些純粹是借用佛塔的形式，起到點化風景的作用。

宗教思想的演變，也影響到塔的修建。元代開始修建的過街塔和塔門，顯然是受唐宋以後佛教修行簡單化的影響，使人們過往一次，就能向佛頂禮一次。這種塔在建築形式上，是塔與中國城關式建築的結合，因此不少人稱之爲「關」。如北京居庸關的雲臺，本是一個過街塔的塔座，但有人把它說成是關了。又如作爲佛教建築藝術特徵之一的須彌座，因其具有堅固不壞、

係，它不僅保證了上層建築物的堅固穩定，而且也收到藝術上莊嚴雄偉的效果。塔的頂部是塔刹，它是作爲藝術處理的頂峰，以冠蓋全塔的形象出現，因此建造時往往著意修飾，一般是由須彌座或仰蓮座承托刹身，刹桿上套貫數目不等的相輪，上置華蓋、仰月、寶珠等。有許多塔刹，本身就是一座小型喇嘛塔。

此外，塔的修建，還受到審美心理的影響。現存的山西應縣木塔，從第二層以上，每層都從塔身伸出寬廣的平座和欄杆遊廊，是古代樓閣登臨眺覽作用在修塔上的發揮。明清時期，大量修建的塔，有

山西應縣遼代木塔巧奪天工，堪稱樓閣式佛塔的典範，完全一派中國化佛教建築的風格。

妙高無比的性質，爲中國古代建築普遍採用。雄偉的天安門城樓，就坐落在一個佔地兩千平方公尺的漢白玉須彌座上。北京故宮太和殿、皇史宬、太廟、九龍壁等，也無不以須彌座爲其臺基造型。這幾乎已成爲一種民族建築風格的標誌。

講到這裡，應該罷筆了。最後再說的是，歷史發展到今天，中國的佛教建築遺跡，多半已成爲旅遊資源，曾籠罩在這些清淨道場中的宗教氛圍，未免顯得稀薄。可你看——依然矗立在三江交匯處的樂

河北淶水慶華寺花塔

山大佛，依然守護著龍門奉先寺的石窟群像，還有遙遠的鳴沙山下、月牙泉邊那眾多的佛、菩薩、飛天，或慈眉善目，或頷首沉思……想像當年無數僧俗信眾，棲心山林，遠離塵囂，持無上願力，經千辛萬苦，種獲的福田勝果，無論你信不信佛教，不都總想忙裡偷閒，去領略這曠世奇觀的輝煌與神秘麼。

雲南景洪橄欖壩曼蘇滿塔

第六章

絢彩祥光

——這真是一段美的歷程

絢彩祥光
——這真是一段美的歷程

　　在佛教文化傳播史上，很可能存在這樣一個事實，佛像早於佛經傳入中國。

　　遙想當年，佛教是外來宗教，佛教藝術是外來藝術，傳播佛教需要兩件法寶，一件是記錄教義和宣傳教義的文字材料——經律論，另一件是幫助加深理解教義的形象材料——佛像和佛教故事圖畫，這兩件法寶相得益彰，誰也離不開誰。特別當佛教初傳階段，人們似乎更需要些形象通俗的東西。因此，隨著東漢初年天竺和西域僧人進入中國，佛經和佛像幾乎是同時帶進來的。而根據史料分析，中國人最初接觸佛教，主要是出於祭祀祈福的簡單心理，根本弄不懂所謂「般若性空」是怎麼回事，令人一目了然的佛像，就容易先派上用場。

　　說來矛盾，佛教本來是反對偶像崇拜的，它主張的是一種「自救」的

哲學，即通過自己對社會和人生苦難的認識和思考，來獲得精神解脫，不需要任何異己的主宰。那麼，後來何以在世界上所有宗教中，又數它偶像最多——佛陀、菩薩、羅漢、金剛、天王、力士……以至被稱爲「像教」了呢？這無疑與釋迦牟尼的逐漸被神化有關。

其實，縱觀釋迦牟尼有案可稽的一生，並無太多的神秘色彩，他生前應當基本上是一位堅定宣傳其人生哲理的流浪學者，是一位踏踏實實、兢兢業業的社會活動家，與當時我國的孔子差不多。他的弟子對他很尊重，稱他爲「世尊」，意即「教主」，也並未超出一般偉大的界限。可是，不知從什麼時候起，情況就不同了。他的後世信徒，大概不願意看到「世尊」永遠這麼平平淡淡，於是根據自己對教義的理解，以及他們想像中的一個佛陀應作應爲之事，開始隨心所欲地把佛陀吹得神乎其神。加以古代印度人迷信相貌形容，認爲凡是有大作爲的人，都有一種與衆不同的好身材、好模樣，被神化了的佛陀，當然更該如此。這樣，久而久之，佛陀的個人屬性就發生變化，他的頭上出現了光環。這個光環，在此後和尚尼姑、善男信女的一片禱告聲中，越來越顯得輝煌燦爛，也越來越眩人眼目了。

新疆某處沙漠廢寺中發現的壁畫殘片，可能是佛像最早傳入中國時的遺存。

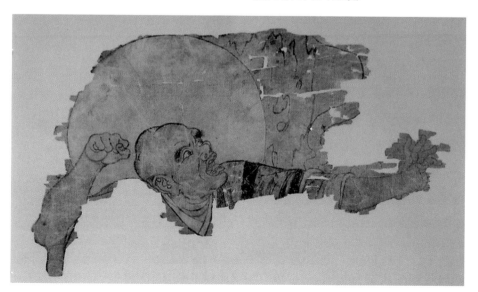

佛陀的神化，對於人們正確認識佛教的歷史，固然是個障礙，但對於佛教藝術來說，卻因此獲得了無數創作上的靈感。佛教在中國又被稱「像教」，很大程度與這種神化有關。

然而，事情就是這麼奇怪：佛陀的神化，對於人們正確地認識佛教的歷史，固然是個障礙，但對於佛教藝術來說，卻因此獲得了無數創作的靈感。佛教在中國又被稱作「像教」，很大程度上與這種神化有關。

中國古代遺留下來的佛教藝術，主要是由壁畫和雕塑構成的石窟造像藝術。而且，一般來說，洞窟的主體並非壁畫，而是雕塑，前者不過是後者的陪襯和烘

這倒使人想起英國史學家威爾斯說過的話：「為了教主的榮耀，為了他們所關心的宣傳得以成功，誠實而愚蠢的弟子們說起謊來，似乎是毫無邊際的。在日常生活中會斥責說謊是壞事的人，一旦投身於宣傳工作，就會變成厚顏無恥的騙子和說謊者，這是我們人類天性中窘人的荒唐行為之一。這些誠實的人，他們中大多數不容置疑地都是誠實的，不久就向聽眾大談附會於佛陀誕生的奇跡……一直講到他逝世時刻身上發出某種光輝為止。」

東晉顧愷之所繪《維摩詰像》，早不存世。這是宋代畫家畫的《維摩詰像》，也企圖表現所謂「清羸示病之容，隱几忘言之狀」。

托，四周壁畫的圖景故事，是為了突出中間雕塑的佛身。這種藝術，以其特有的形象方式，隨時代的變遷而發展，反映了中華民族是如何由接受佛教而消化改造它，以及具有清醒的理性主義、歷史主義的華夏傳統，又是如何終於戰勝反理性的宗教迷狂。這真是一段美的歷程，更是一段重要而深刻的思想意識的行程。所以，儘管同樣是碩大無朋的佛像身軀，同樣是五彩繽紛的壁畫圖景，它們的人世內容並不相同，藝術表現也迥然有異，籠統地作為一個混沌的整體來對待是不行的，需要做些歷史的分析和具體的考察。

中國人在文化上，歷來強調慎終追遠。既然談起佛教造像藝術，不能不首先去說東晉時的戴逵。因為在戴逵以前，中國的佛像是按印度的成法臨摹的，儘量做到「仿佛」而已，形象呆板古怪得很。而漢地的老百姓，可能也看不慣這種滿嘴絡腮鬍鬚、且又深目高鼻的佛像的

「胡貌」，他們要和佛直接對話，就要求形象有一種能夠打動中國人心靈的親切感。戴逵正是深感到這一點，才有意要按中國人所喜聞樂見的形式，來改造印度的佛像，創造出中國自己的佛像。他終年奔走於各地寺院之間，用了大半生精力製造佛像。最著名的作品，據說為身高丈六的越州嘉祥寺無量壽木佛。這對佛教藝術開始實現中國化的嘗試，不啻開了先河。

東晉另一位參與佛教造像活動的藝術家，是畫家顧愷之。在中國美術史上，他的知名度比戴逵還大，曾被列為世界文化名人來紀念。他所畫的那幅《維摩詰像》，有所謂「清羸示病之容，隱几忘言之狀」，在主人公

南朝劉宋時畫家陸探微，崇尚「秀骨清像」，講究所謂「曹衣出水，吳帶當風」，寬袍大袖，瀟灑脫塵，對佛教造像影響很大。

魏晉士人的審美理想，今天看來未免荒誕，卻是推動中國美學傳統深化的一個重要階段。

清癯消瘦的面容中顯露其智慧機敏和大辯若訥的精神氣質，成爲當時藝術創作的一個範例，被後世的畫家競相模仿。

　　若按時代分期，比較莫高窟、炳靈寺、麥積山以及雲岡、龍門的石雕、泥塑和壁畫，還可以發現北魏中晚期以後的佛像皆趨清瘦，寬袍大袖，飄飄然有一種瀟灑脫塵的神態。研究佛教藝術的學者，把它稱之爲「秀骨清相」。這是借用唐代畫家張彥遠《歷代名畫記》中評論劉宋畫家陸探微一段文字裡的用語，是在說明這一時期北朝佛教造像所受南朝文化的影響。

　　「秀骨清相」，這曾是畫家本人的藝術追求，也是時代的風尚。因爲

自魏晉以來，南朝的士族知識份子講究以清瘦爲美，並把清瘦作爲品評人物素質的重要標準。這也難怪，大凡人瘦，如果不是染病，總要顯得精神些，所以「瘦」字又往往與「清」、「秀」、「明」、「朗」這些形容詞相聯繫。東晉名士衛玠是出名的美男子，其所以美，據說就是由於瘦，羅綺穿在身上，都似不能擔負。他清秀的美名早播朝野，以至於由豫章去下都的途中，圍觀的人群像一堵墻，他因不堪應付而死去，也真是奇聞了。故而，當時的士人爲了獲得這一美譽，紛紛不惜節食，或食用粗糧，有的甚至吃糠。由於長期食糠。營養不良，富豪子弟王萬子沒活到二十歲，就死去。與此相聯繫，魏晉士人還有

一種觀念，即認為膚色白是美的。他們平日養尊處優，從不受風吹日曬之苦，皮膚白嫩是情理中事，但他們要求的「白」，是今人難以理解的。魏尚書何晏喜歡穿女人衣服，面色本來很白，還要塗粉，簡直沒有一點男子氣，但在當時卻被認為很美。另外，魏晉人有服散的習慣，散多為礦物質，藥性猛烈，服用之後，消耗很大，且皮膚燥熱，因此必須穿肥大的衣服，以防擦傷，久而久之，著寬袍大袖也成了風尚。總之，他們不僅認為凡此種種都顯得好看，而且可以借此表示本人的修養和智慧。名士帶了頭，別人也跟著跑，本來病態的東

新疆和田丹丹烏里克寺院裡的這幅壁畫，畫得是一個全身裸體的青年女子站在蓮池內，與一個男子相互求歡的情景，兩人脈脈含情，女子則不勝嬌羞，她（他）們的外生殖器都被明顯誇張地畫出。從其線條的勾描和畫法的暈染來看，與中原唐代壁畫非常一致，已非「影響」二字所能概括。

克孜爾石窟外景。在東西綿延千餘公里的古龜茲石窟寺群帶中，它的文化藝術價值，應該最值得重視。

唐代詩人王維的那首《渭城曲》，寫盡了當年從內地走向西域時，由於文化環境轉換，所帶來的心理感受。

西，竟成了全社會模仿的對象。

如此不健康的審美理想，不但反映在南朝佛畫的創作上，看來也影響到塞北的雕塑。北魏孝文帝以後，佛菩薩身上的印度和西域的衣裳被扒下來，換上漢裝，而漢裝的正宗，自然是江南流行的式樣，因而南朝士大夫的褒衣博帶，連同他們所崇尚的秀骨清相，也就一併加在佛和菩薩身上。至於加得是否合適，在北魏深感自己文化落後，決心要向漢族學習，一意實行改漢姓、說漢語、著漢裝、行漢禮儀的大潮流的推動下，是很難認真對待的。這也即為什麼今天留下來的佛

柏孜克里克石窟壁畫

教造像，儘管大都在北方石窟，但它們所代表的，卻是當時作為整體中國的一代精神風貌。

以往，在談到中國石窟造像藝術時，總是從北魏時期的敦煌、麥積山、雲岡、龍門談起，不大聯繫西域佛教藝術，這不夠公平。實際上，自漢代以來的西域，即今新疆天山以南廣大地區，正處在世界文明的交匯點上。世界的幾大文明——西亞兩河流域的波斯文明，希

莫高窟坐落在河西走廊西端的敦煌，以精美的壁畫和塑像聞名於世，被譽為人類二十世紀最有價值的文化發現。這裡的一切，似乎都在表明，佛教由西域東傳的過程中，西域及外來的形式已被改造，這種改造的動力，根源於此地深厚的中原文化傳統。

臘羅馬的歐洲文明，印度文明，以及中國文明，都曾在這裡碰頭了。然而，在如此偉大壯觀的景象面前，西域佛教藝術沒有生吞活剝、一味照搬外來文化，而是根據自己的需要，擇其精華予以消化，從而有著一條區別於世界任何文化的按照本地區本民族特點發展的主線。這才是當時西域佛教藝術的靈魂。

今新疆鄯善地區，古稱樓蘭，最重要的佛教遺址是米蘭廢寺。在其二

號遺址，發現並排有六尊趺坐無頭的佛像，三號遺址，發現回廊上繪有七幅被稱作「乾闥婆」的有翼天使，五號遺址，也繪有壁畫。它們既具有濃重的外來文化色彩，主要是印度犍陀羅藝術風格和希臘美術作風，但在頭面部也不乏漢地雕塑的味道，人物造型形式，以及線條的運用，均摻雜不少漢地的東西。以至於，若不看文字說明，弄不好會把它們認作內地作品。這只能反

莫高窟在北魏以後，出現了大量中心柱式的窟形，從而造成一種適合於表現壁畫主題思想的建築環境，引導信徒加深對佛教教義的理解，顯然是受到漢地建築的影響。

院中，有一幅精美的壁畫，畫的是一個全身裸體的年輕女子站在蓮池內，與一個裸體男性相互求歡的情景，兩人脈脈含情，女子則不勝嬌羞，他（她）們的外生殖器都被明顯誇張

映漢文化和外來文化曾在這個地點猛烈撞擊，似乎誰也沒戰勝誰，只好各行其是，卻又巧妙地合而爲一了。

同爲絲路南道上的城郭之國，比起鄯善來，于闐好像要幸運得多，它沒有像鄯善那樣完全被沙漠所吞蝕，它的佛教和佛教藝術又一直享受著殊遇。本世紀初，在今和田縣東北約四十公里處的玉隴哈什河對岸發現了拉瓦克寺院遺址，掘得佛像八九十尊，收穫空前。這些佛像，都是依墙而立的浮雕，明顯地分成兩種風格，一種是犍陀羅式，一種是笈多式，均來自印度。而在和田另一處遺址丹丹烏里克寺

莫高窟早期壁畫的人物暈染，直接承襲西域，但變化也是存在的，比如畫法更為簡率，圈染時一揮而就，並不重複，面部五官的處理更加圖案化，眼睛鼻樑都點白，眼窩和鼻唇溝用粗線條畫圈，如同京劇中的臉譜。這已不僅僅是繪畫手法問題，是兩種文化觀念的差別。

地畫出。從其線條的勾描和畫法的暈染來看，與中原唐代壁畫非常一致，已非「影響」二字所能概括。

龜茲與于闐隔塔里木盆地遙望，一個是絲路南道大國，一個是絲路北道大國，在西域史上都具有顯赫地位，但

新疆克孜爾石窟壁畫中的天人、伎樂和菩薩，還帶有許多與中國人的眼光和心理不相容的外來的東西，如屬於印度特色的赤身全裸、接吻搖臀、乳部突出、生殖器明顯誇張地畫出、過大的動作姿態等等。而到了敦煌莫高窟，就見不到這樣敢冒華夏審美之大不韙的畫面了，已被改造成中國人可以接受的形象。

二者的佛教藝術卻不相同。在東西綿延千餘公里的龜茲石窟群帶中，位於今拜城縣的克孜爾石窟壁畫，最生動地反映了古代龜茲地區的佛教面貌。克孜爾石窟壁畫，受印度和中亞影響，西域風格典型，但也已具備了較多的漢文化因素，最大程度地發揮了中國毛筆隨心所欲、揮灑自如的特點，一筆之中有抑揚頓挫和粗細的變化。如果，壁畫的作者對中國使用毛筆的傳統缺乏了解，沒有使用毛筆的豐富經驗，不可能達到這種境界。

從吐魯番地區殘留的佛教藝術遺跡來看，柏孜克里克石窟繪製眾多的供養人形象，為其以西的龜茲石窟所少見。除此以外，它還以繪製高大的列佛而著稱。這裡

古稱高昌，最初信仰薩滿，後來佛教傳入，八世紀後半葉從中原引進摩尼教，開始排斥佛教，後又重新信奉佛教，幾經反覆，至十世紀末，佛教在這裡已超越其他一切宗教信仰，成爲由西域進入河西走廊中間地帶最大的佛教中心。

交待完西域，讓我們步入河西走廊，去領略中國佛教造像藝術的正宗之所在——

「渭城朝雨浥輕塵，客舍青青柳色新。勸君更盡一杯酒，西出陽關無故人。」這是唐代著名詩人王維，送他的一位朋友去安西時寫的詩，歷來爲人們傳頌。這是在說什麼呢？是說盡管在西漢初年西域的道路已經開通，唐代中國的邊界，也早已越過蔥嶺，但在一般人的心目中，出了陽關（今甘肅敦煌西南），就算到了塞外，再往西，作爲漢民族群體所生活的文化環境，就全變了，所以詩人才那樣感傷。事實也正是如此，對於文化的傳播與交流，這個地區有著特殊重要的意義。人類最偉大的藝術創造——敦煌莫高窟——就坐落在這裡，向人們述說著中華民族光輝而悠久的歷史。

克孜爾石窟中的這幅菩薩畫像，要比人們津津樂道的莫高窟384窟中的供養菩薩，更有著少女的甜美。以往，在談到中國石窟造像藝術時，不大聯繫西域佛教藝術。實際上，自漢代以來的西域，即今新疆天山以南廣大地區，正處在世界文明的交匯點上。世界的幾大文明，西亞兩河流域的波斯文明，希臘羅馬的歐洲文明，印度文明，以及中國文明，都曾在這裡碰頭了。

敦煌作爲絲綢之路上的「總綰」，在古代中外貿易方面所佔的地位，是眾所周知的。而在外來文化隨著胡人、胡商進入敦煌的過程中，佛教充當了開路先鋒的角色。正是由於這個原因，敦煌很快成爲一處佛教文化藝術中心。也正因爲如此，敦煌莫高窟的出現，不過是早晚間的事。而

印度壁畫中的飛天，其姿態作飛行狀，實際上飛不起來。莫高窟飛天，因身體作成一種御風而行的姿態，並在人物的下面托以雲紋，完全在依靠人物的動作和衣帶的飄舉，便使飛行的感覺更為輕鬆舒展，也好像飛得更高更遠。

莫高窟千佛洞中的壁畫，之所以帶有域外色彩和中西文化融合的痕跡，也是理所當然的。

敦煌境內有兩座山，一座叫三危山，一座叫鳴沙山，兩山東西遙遙相望，中間隔著宕泉河，莫高窟千佛洞，就開鑿在河西岸的崖壁上。這塊歷經風沙侵蝕而未毀的藝術寶地，據說在前秦建元二年（三六六年）即已始建，距今一千六百多年。

莫高窟在北魏中期以後，出現了大量中心柱式的窟形。據目前掌握的材料，可以肯定這是從克孜爾移植過來的。但是，二者也有不同。莫高窟鑿中心柱的目的很明確，一是為了支撐窟頂，二是為了便於右旋禮拜，從

而造成一種適合於表現壁畫主題思想的建築環境，引導信徒加深對佛教教義的理解。值得注意的是，克孜爾的拱形頂在這裡不見了，代之以人字披頂，上面浮塑脊枋、檐枋和橡子，以及木質頭拱，顯然是受了漢地建築的影響。壁畫中房屋建築式樣的衍變尤其顯著，已不見柱頭有希臘愛奧尼亞式和科林斯式翻卷的葉形裝飾，出現了中間起脊、並有鴟吻的漢地房屋樣式，隋唐以後的經變畫中，更出現規模宏大的漢地樓臺殿閣。這種變化表明，佛教由西域東傳的過程中，西域的及外來的形式被改造，這種改造的動力，根源於此地深厚的中原文化傳統。

在畫法上，莫高窟早期壁畫的人物暈染直接承襲西域，如二七二窟、二七五窟的菩薩天人，一望便知是脫

唐代國力空前強盛，一切都挺美好，在佛教寺院的壁畫上，也出現了反映這種繁榮的大幅經變，佛和菩薩都綻開了笑臉。

胎於克孜爾的圈染法，卻不如克孜爾成熟和自然，帶有模仿的痕跡。但變化也是存在的，比如畫法更為簡率，圈染時一揮而就，並不重復，面部五官的處理更加圖案化，眼睛鼻梁都點白，眼窩和鼻唇溝用粗線條畫圈，如同京劇中的臉譜。到北魏晚期，特別是西魏，由於受南朝文化的影響，一改西域式的凹凸圈染為中原式的暈染法，在兩頰、上眼瞼和下頦處染以朱磦或胭脂，以表示面色的紅潤。二

者施染的部位恰好相反，西域畫法雙頰不染色，以示其凸起，中原畫法因雙頰貼近骨骼，皮膚層較薄而透露出血液的紅色，必須暈染，以示其面部固有的色彩。這是兩種文化觀念的差別，並不僅僅是描繪手法問題。

克孜爾石窟壁畫中，存在著大量裸體內容。佛教東傳進入玉門關，進入漢民族地區，首先碰到的問題，就是如何對待佛教壁畫中這些裸體的人物形象和題材。其實，這一問題在未入關前，已引起人們的重視。我們注意到，高昌地區佛畫中，裸體形象已大為減少。可是，在佛教及其藝術剛

剛進關的時候，盡管施主很不情願，但一來那時還沒有自己民族的範本，二來他們也不敢過多違背從西邊輸入的佛畫儀規，而另創新路，於是只好在相當程度上照搬。然而，在照搬的過程中，如果文化的差異超越了道德傳統所允許的範圍，再大膽的佛教徒，也不敢冒天下之大不韙，他們寧肯讓自己崇信的佛教受點委屈，也要在同胞面前留些臉面。所以，在克孜爾全裸的天人、伎樂和菩薩，到莫高窟就全部穿上了裙子，乃至罩上外衣。有許多上半身還裸露著，那是在表示畢竟不敢忘本。裸體和著衣，表面上是一個服裝問題，實質上卻反映了兩種文化的差異。豈止如此，你還會發現，許多與中國人的眼光和心理不相容的外來的東西，均在改造之列，如屬於印度特色的那種種接吻、扭腰、乳部突出、性的刺激、過大的動作姿態等等，差不多被完全排除。

至於穿什麼樣的服裝，也是個問題。北魏孝文帝太和改制以前，莫高窟壁畫人物服裝基本上承襲西域的樣式，官方並不曾規定佛和菩薩該穿哪些和不該穿哪些服裝，壁畫中的菩薩皆半裸，或斜披天衣，腰繫羊腸裙，露出足踝部，赤腳而外撇，雙腿分開站立，重心移於一側，致使胯部聳出，肩頭亦隨之移動，身體形成一種曲線，外來的味道是很足的。太和改制後，莫高窟由積極支持孝文帝漢化政策的東陽王元榮管轄，故而壁畫中人物的服裝，無論佛或菩薩，都換成褒衣博帶，儼然如漢家禮儀。變化是如此地猛烈，不是作為社會政治決策的產物，不可能收到這種效果，正所謂矯枉必須過正，不過正不能矯枉。然而，使我們深思的是，這種絕對的漢家妝束，並沒有維持多長時間，北

人們常把唐以後的菩薩像，比擬為宮中的美女。歷史上，又有「宮娃如菩薩」之說，如果女人長得跟菩薩一樣，也可以被認為美麗無比了。

唐以前觀音多呈男相，有的還長著鬍鬚，橫眉豎目。觀世音菩薩，最終以手持柳枝和淨瓶的聖母的姿態，出現在信眾面前，無疑更能打動中國老百姓的心靈。

周後又部分地恢復了原樣。此後一段時間，呈現自然的融合。隋唐時，西域和中原的樣式終於融爲一體，既沒有硬搬的痕跡，也沒有因用朝廷法令強行改變文化面貌時那種不自然的感受。到盛唐，真正中國式的佛教人物形象，才固定下來。

飛天是印度佛教中的一位神靈，梵名乾闥婆，又稱天歌神。據佛經說，它還有一個妻子，叫緊那羅，也是佛教中的音樂神，稱天樂神。這對夫婦本是天龍八部之一，其形象又常作飛行虛空狀，故稱「飛天」。這個名字，其實是中國人給它起的。印度阿旃陀寺壁畫中的飛天，既沒有長長的飄帶，也沒有翅膀，其姿態作飛行狀，但實際上飛不起來。莫高窟飛天在印度飛天的基本動態上，加上飄帶而使身體浮動起來，可能是受到中國

傳統文化中關於「羽人」的啓發。這裡的飛天，因身體作成一種御風而行的姿態，並在人物的下面托以雲紋，使飛動的感覺更加強烈。發展到唐代，終於成爲不憑藉翅膀，完全依靠人物的動作和衣帶的飄舉，卻比任何西方、印度或中亞帶翅的飛天或天使，飛得更高、更遠，也更爲輕鬆舒展、更爲自由的一種藝術樣式。還有一點需要說明，克孜爾壁畫中的飛天，一般畫在窟頂，它要造成一種飛行的環境，在欣賞者面前形成一種幻覺——窟頂即是天空。可是到了莫高窟，隨著飛天形象的日益完善，它自身飛舞的感覺已很充分，不再需要任

何憑藉或聯想，它既可以畫在窟頂和四披，也可以畫在四壁的大幅經變畫中。另外，莫高窟飛天並不顯示性別上的差異，屬於中性人。到隋唐時期，無論服裝，還是面相，又都逐漸女性化，這也是區別於西域的地方。

從克孜爾到敦煌，菩薩的形象也在衍變，由男性逐漸變爲女性，並最終賦予它以聖母的品格。特別是那位幾乎和全能的上帝一樣的觀世音菩薩，既然以大慈大悲、解脫眾生苦難爲己任，中國有一種說法，叫「嚴父慈母」，作母親的總是愛護自己的孩子，這似乎是女人的天性，因而慈悲就與女性和母親發生了聯繫，人們形

敦煌壁畫中，東王公與西王母相會圖（局部）。

晚唐以後，張儀潮掌握河西軍政大權，保障了這一地區的政治安定，自然對自己的光輝形象要表白一番。因而，莫高窟156窟的張儀潮供養像，被畫成了出行圖。這幅畫名為供養，實為慶賀，但放在這樣一個地方，是尊敬佛菩薩，還是利用佛菩薩，就只好問他自己了。

容觀世音救苦救難的博大胸懷，就如同慈母憐愛自己的孩子，那麼在女性之外再賦予慈母的性格特徵，不是顯得更聖潔嗎？觀世音最終以手持柳枝和淨瓶的聖母的姿態，出現在信眾面前，無疑更能打動中國老百姓的心靈，受到中國老百姓的歡迎。很難想像，在印度佛教和克孜爾壁畫中那些不但是男性、而且留有兩撇鬍子的菩薩形象，被加以觀世音的名號，讓中國老百姓去接受，中國老百姓會是什麼心情。

據說義大利文藝復興時期，拉斐爾曾以自己的情婦為模特，創造了《西斯廷聖母》這一不朽的傑作。而在這之前，中世紀天主教堂裡的聖母像，都是冷冰冰的，一副不食人間煙火的神態。莫高窟內菩薩的完全女性化，在彩塑上，可能比壁畫還要早。二四八窟中心柱西向龕南側，北魏脅侍菩薩已具女相。北周和隋代，菩薩女性形象又有所增強，身材漸趨修長，面部清秀，動態清盈，自然斜欹，表現了女性的婀娜。但這僅是在性格變化上邁出的步伐，它的精神面貌，仍然是神性多於人性。菩薩從外表到內在性格真正發生變化，是在唐

佛像的每種手勢，都有特定含意，也是識別各尊佛像的重要依據。

代。特別是盛唐時代，國力空前鼎盛，一切都是那麼美好，在佛教寺院的壁畫上，也出現了反映這種繁榮的大幅經變，佛和菩薩都綻開了笑臉。莫高窟七十九窟的脅侍菩薩，以及三八四窟的供養菩薩，有著少女的甜美，已經基本上失去了神性。人們曾把這一時期的菩薩比擬爲宮中的美女，反過來，「宮娃如菩薩」，如果女人長得和菩薩一樣，也可以說是美麗無比了。實際上，當時的藝術家，也確曾以人間的美女來塑菩薩像。如段成式的《寺塔記》中，就記載寶應寺壁畫釋梵天女，即是「齊公妓小小寫真」。用歌伎作模特，來表現神明，對於宗教無異於嘲笑，然而對於宗教藝術，卻是事物發展的必然結果。寶應寺壁畫比《西斯廷聖母》幾乎早一千年，中外藝術家都努力在神的身上表現人性。這兩個事例，似乎可以表明：一旦當人們有信心、有能力主宰自己的世界的時候，便不再需要宗教的慰藉，而這時的宗教，也成了人間社會歌舞昇平的點綴品，於是神性的基督聖母和佛陀菩薩，就都轉化爲人間的帝王和美女。這是值得回味的。

在莫高窟二四九窟內，有一幅

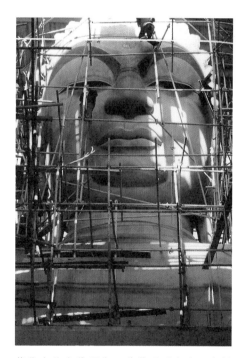

修復中的大佛頭像，莊嚴而可人意。這種造像藝術，以其特有的形象方式，隨時代的變遷而發展，反映了中華民族是如何由接受佛教而消化改造它，以及具有清醒的理性主義、歷史主義的華夏傳統，又是如何終於戰勝反理性的宗教迷狂。這真是一段美的歷程，更是一段重要而深刻的思想意識的行程。

中國古代遺留下的佛教藝術，主要是由壁畫和雕塑構成的石窟造像藝術。一般來說，洞窟的主體並非壁畫，而是雕塑，前者不過是後者的陪襯和烘托，四周壁畫的圖景故事，是為了突出中間雕塑的佛身。

描寫東王公和西王母相會的壁畫。對於佛教石窟寺驟然出現中國古代神話和道教的題材，引起了許多學者的爭論，有人認為，這是南北朝時期佛道合流的產物，有人認為，這不過是佛教利用中國神話中的人物形象，來表現佛教內容。這不奇怪，莫高窟藝術並非無本之木，無源之水，敦煌地區不僅有外來的佛教，還有土生土長的道教。比如，在敦煌老君堂發現一個經幢，上刻六尊菩薩像，但在每尊之上，均刻有道家的八卦符號。原因大

概在於，捐錢開窟的俗家施主，目的只在於祈福，只要能夠得到吉祥，不管是外來的神，還是中國自己的神，都一律磕頭，他們並不在乎，實際上也不關心佛教寺院裡是否混入了道教圖像。而佛教寺院的主持，盡管認佛教為正宗，但既然有人出錢修窟，雙方都有好處，對於壁畫內容，也就不那麼認真，況且他們內心深處，何嘗沒有利用道教形象發揚佛教精神的念頭呢？拿二四九窟來說，雖然窟頂南北披畫東王公與西王母，但西披不是照樣畫佛教的阿修羅嗎？華梵一體，不偏不倚，對自己無愧於信仰，對施主也交待得過去，何樂而不為。

　　宗教是虛幻的，卻有那麼多人信

仰它。佛教自東漢傳入中國以後，除了研究佛學的學問僧，以及南朝探討玄學和佛教義理的文人名士，絕大多數信仰者都出於一種純粹的功利目的，即禳災祈福，帝王將相如此，普通百姓亦如此，富人如此，窮人亦如此。正如列寧所說：「對於工作一生而貧困一生的人，宗教教導他們在人間要順從和忍耐，勸他們把希望寄託在天國的恩賜上；對於依靠他人勞動而過活的人，宗教教導他們要在人間行善，廉價地爲他們的整個剝削生活辯護，廉價地售給他們享受天國幸福的門票。」是的，儘管對於幸福的理解不同，但誰不希望得到幸福呢？然而，這張門票並不是輕而易舉能夠得到的，它要用硬通貨來購買。靠他人勞動而過活的人，錢自然不成問題；對於工作一生而貧困一生、以及那些被侮辱和被損害的人，卻只能拿自己的血汗，來得到精神上的補償。我們在莫高窟看到的供養人，既有高門大族，也有平民百姓，既有達官貴人，也有奴婢妓女，男女老少，貧富貴賤，不同階級，不同階層，各種身份，各種職業，什麼人都有，構成了一幅社會的縮影。

雲岡石窟20號窟露天大佛

洛陽龍門石窟賓陽洞中的《北魏孝文帝禮佛圖》，既展現出盛典中帝王的高貴與尊嚴，又帶有飄然若仙的宗教意味，表明外來佛教藝術已同中國民族文化很好地融合。這一中國雕塑史上的珍品，可惜在上世紀三十年代被美國人普愛倫勾結北平琉璃廠的古董商盜鑿而去，現存美國紐約市藝術博物館。

　　毫無疑問，莫高窟在普度眾生的金字招牌下，聚集了一大批願意接受引渡、並以金錢作「公平交易」的信眾。早期的供養人，多畫在四壁「說法圖」或佛傳故事畫的下方，體積都比較小，與壁畫相比，主次判然。這些供養人，多以比丘或比丘尼爲前導，發願文多爲死去的七世父母及活著的親屬祈福，語氣虔誠。可是後來，供養人卻越畫越大，那些既有社會地位、又有經濟實力的施主，漸漸地要在佛菩薩面前頑強地表現自己了。隋代六十二窟，大概是獨家捐資開鑿的，因而此窟的功德主成陀羅，把他一家祖孫三代都畫上去。盛唐一三〇窟供養人，爲晉昌郡太守樂庭瓌，他也把全家都畫了上去，衣著華麗，刻劃細膩，大小超過真人，絕不

官並列，中間簇擁著身著紅袍的張儀潮。非常明顯，這是爲了紀念他在唐大中二年（八四八年）從吐蕃手裡收復河西的業績，朝廷曾對他大行封賞。所以，這幅壁畫名曰功德，實爲慶賀，只是把這放在佛教的廟堂上，是供養，還是炫耀，是尊敬佛菩薩，還是利用佛菩薩，只好問他自己了。侯門勛臣如此，社會下層人物也想進天國，也想方設法把自己的像畫上去，可不容易。晚唐一〇七窟東壁門北側有兩身供養人，身份似乎是妓女或婢女的母女倆，她們用半生積攢的銀子，修出六軀佛像，以滿足自己「從良」的願望，思之令人心酸。不過，這母女倆儘管出身

遜於四壁的佛畫。晚唐以後，張儀潮掌握河西軍政大權，保障了這一地區的政治安定，自然對自己的光輝形象，要表白一番，因而一五六窟的張儀潮供養像，被畫成了出行圖。畫面上，戰馬成行，旌旗飄揚，號角與鼓樂齊鳴，武士和文

唐代常在崖面上刻像，以便讓信眾遠眺。

卑微，但捐得起銀子，因而還被石窟的住持批准，畫了張小像。至於那些捐不起錢，或捐錢不多，也想購買天國門票的人，只好投身寺院充當勞役，或在別人供養像的夾縫裡，躲躲閃閃寫上自己的名字。莫高窟供養人的形形色色，於此可見一斑。

著名考古學家宿白先生曾指出，新疆以東現存最早的佛教石窟模式，並不是敦煌莫高窟，而是在它東面的武威，即古代涼州地區的天梯山、肅

這尊金剛力士塑像，頭面部嚴重殘缺，仍明顯帶有外來形貌取向，想必塑成年代甚早。

南金塔寺、酒泉文殊山等石窟藝術遺存，他把這種模式稱之為「涼州模式」。這的確是一個引人矚目的提法。過去一般認為，佛教總是由西逐漸向東傳播的，因而偏西地段總是比它的東面先受到佛教的影響，其實不然。根據考古材料，結合文獻分析，佛教在中國的傳播方向和傳播途徑，絕非這麼簡單，它可能是跳躍式的，也可能是往復式的，從西向東和向東後再向西，可能都存在。而從西元三〇一年開始，在此後一百三十多年間，以今甘肅武威為中心，共建立了前涼、後涼、南涼、西涼和北涼五個地方政權，史書合稱「五涼」。五涼政權都崇尚佛教，並在內地首先認識到開鑿石窟的必要性，佛教造像藝術也達到空前鼎盛的狀態。隨著北涼的滅亡，涼州佛教及其藝術才急劇衰落，終於成為歷史的陳跡。與此相反，敦煌此時的地位逐漸昇高，形成獨具風格的莫高窟佛教藝術，雖然早先它的藝術來源於涼州，而現在它又將新的藝術向涼州及更遠的中原地區傳送。

雲岡石窟，在佛教藝術傳播史上，也是一個很重要的傳播環節。

二十號窟中的大佛，乃雲岡石窟最宏偉的雕像。該窟原有前壁，遼代以前已經崩坍，造像完全露天。它的前面是一片平川，視野開闊，因而很遠就能看到在陽光照耀下那雄偉壯麗的影像。此像取結跏趺坐式，全高十三點七公尺，上身微向前傾，似在俯察世界眾生，袒右肩，斜披袈裟，胸背寬厚，面相方正，頤部豐滿，高鼻而寬額，大耳垂於肩頭，唇薄而閉，嘴角微翹，略帶微笑，眼大而長，眼神堅定地注視著前方，整個神態莊嚴靜穆，望之令人肅然起敬。它是雲岡石窟佛教造像的代表作，也是中國佛教造像最早的作品之一。它是受到涼州石窟的影響開鑿的，同時也有中山以及直接來自印度、中亞和西域的文化影響。

這裡，順便談談「帝王即佛」的問題。佛教傳入中國之初，本來是不肯禮敬王者的，這與中國儒家禮教當然有矛盾。但到了北魏，這個戒條被沙門自己破壞了。當時的著名法師法果，竟然說北魏道武帝拓跋珪「明睿好道，即是當今如來，沙門宜應盡禮」。他這樣做，別人也跟著效仿，遂成一時風尚。皇帝本人自然十分高興，他們敏銳地感到這對其統治地位的增強有好處，於是在雲岡，爲北魏太祖以下五帝各雕一像，公然以佛自居。若從雲岡西頭二十窟往下數，則二十窟主尊爲道武帝，十九窟主尊爲明元帝，十八窟主尊爲太武帝，十七窟主尊爲未即位就死去的景穆帝，十六窟主尊則是正在位的文成帝。以至，不僅佛像的面貌是帝王的忠實寫照，連臉上腳上的黑痣，也相吻合。孝文帝遷都洛陽後，直說某某佛像爲某某帝王的做法，似乎沒有了，改之

這尊碩大無朋的力士雕像，實乃曾經生活在中州和秦晉高原上的先民形體的寫真。

龍門石窟極南洞兩側崖壁上的金剛力士，袒露上身，胸部、腹部和肩頭肌肉塊塊飽綻，有明顯的誇張意味，符合解剖，又不拘泥於解剖。那極度向外膨脹的圓形的肚皮、緊收的臍眼和胸腹連接處的一連串乳狀突起的塑造，就是我國古代所謂的「梅花肚」，那種運氣法，就是我國拳術中的所謂「丹田氣」。

以利用開窟爲皇帝祈福。如龍門古陽洞，就是一批支持孝文帝遷都的宗室和高級將領，爲孝文帝開鑿的功德窟，這可以從洞窟中楊大眼等人的《造像記》裡看出。到唐代武則天，以佛像象徵王權的活動，達到頂點。武則天是一個野心勃勃的女人，她深知一個女人要登上皇帝寶座並非易事，於是私下裡進行了一系列輿論準備。其中，最重要的是，宣稱武則天是「彌勒下生」。彌勒在佛教裡是未來佛，總是以救世主的面目出現，武則天選擇彌勒作爲自己的象徵，其改朝換代、以真命天子應世的用心可知。所以，武則天時代，彌勒菩薩形象甚多，乃至故意將其女性化。龍門惠簡洞裡的主尊，就是一個例子。然而，龍門諸石窟中，最能表明武則天用心的，還是奉先寺的盧舍那大佛。此像，很可能就是模擬武則天的形象建造的，與史載武則天「方額廣頤」的面部特徵，頗相吻合，又被雕刻成一個似乎在俯聽眾生祈願的中年婦女的形象。

印度佛教及其藝術，經由西域進入河西走廊，再傳雲岡，最後到達龍門，已經完全中國化了。這裡的

雲岡大佛，一般都雕造得深目高鼻，威嚴端莊，令人敬畏，與已經完全中國化了的龍門石窟中面容敦厚而慈祥的佛像相比，有明顯區別。

早期敦煌壁畫中，可以見到不少宣揚割肉貿鴿、捨身飼虎的佛本生故事，充滿陰冷、驚恐、血肉淋漓的場面，使人感受到帶有刺激性的熱烈迷狂的氣氛和情調。

山西平遙雙林寺的千手觀音，嫵媚至極。

佛，無論是坐是站，皆寬袍大袖，面相渾圓豐滿，鼻翼肥大，嘴角上翹，顯得敦厚而慈祥，與雲岡大佛那種深目高鼻、威嚴端莊、令人敬畏的神態完全不同，與早期敦煌壁畫那種宣揚割肉貿鴿、捨身飼虎的佛本生故事，充滿陰冷驚恐、血肉淋漓的場面，使人時時感受到帶有刺激性的熱烈迷狂的氣氛和情調，更不相同。值得注意的是，賓陽洞兩壁正中的釋迦牟尼坐像，左右是阿難、迦葉二羅漢和文殊、普賢二菩薩，北壁和南壁的立佛左右，亦皆有脅侍菩薩，且羅漢和菩薩的身量，明顯小於佛像。這種一佛二菩薩的形式，一如帝王的「左輔右弼」，印度沒有，西域最初也沒有，北魏遷都洛陽以後才出現，當是吸收中原漢文化的結果。這不僅是造像本身的形式問題，也屬於一種文化觀念上的根本變異。而且，佛教藝術由印度、中亞經西域傳入中原，現在龍門造像又以全新的面貌，反轉過來向雲岡、敦煌乃至西域方面傳遞，使這些地方的佛教造像也發生質的變化，最終成為中國自己的東西，意義是深刻的。

泰山《金剛經》摩崖石刻。1957年夏天，筆者還是孩童時隨父母返鄉，就見過它。記得那天傍晚，蒼天降下猛雨來，下山不得，夜宿尼庵。

請注意，世俗化的傾向，是佛教藝術發展到一定階段的必然結果，龍門如此，雲岡、敦煌也如此，這中間不一定有傳遞關係。到盛唐以後，龍門和敦煌，各自以不同的形式——龍門是雕刻，敦煌是繪畫和彩塑——表現出中國信眾的審美理想，菩薩的女性化、世俗化趨勢越來越明顯。龍門由於地處中原政治經濟文化的中心位置，人們心理意識的相互影響，以及資訊的傳遞，都比較快，尤其較早地

雪後的麥積山，比什麼時候都好看。

杭州西湖邊上的飛來峰石窟造像，許多人為之動容。

顯示了這種傾向。萬佛洞洞口南壁，比丘尼真智造像龕內的觀世音菩薩，左手提淨瓶，石手舉拂塵，頭向右傾，左肩自然下垂，而胯則向右微微簪出，表現出女性特有的嫵媚婀娜的身姿。造像只有八十五公分高，但雕刻細膩，手法寫實，技巧和藝術性

甘肅慶陽石窟，也許不大為人所知，造像藝術相當精湛。

都是第一流的。極南洞兩側崖壁上的金剛力士，袒露上身，胸部、腹部和肩頭肌肉塊塊飽綻，有明顯的誇張意味，符合解剖，又不拘泥於解剖。那極度向外膨脹的圓形的肚皮、緊收的臍眼和胸腹交界處的一連串乳狀突起的塑造，就是古代所謂的「梅花肚」，那種運氣法，就是拳術中的所

宋代大足石刻，創造了迥然有異於北魏和隋唐的另一種雕塑美的典範，它們不是思辯的神（北魏），或主宰的神（唐），而完全是世俗的神，即人的形象。

在山西太原晉祠聖母殿的宋代彩塑中，最為珍貴、也最吸引人注意的，還要數那三十尊侍女像。她們各司其職，形象性格無一雷同，舉手投足顧盼神飛，世態人情，丰姿畢現。

謂「丹田氣」。這一力士的肚皮功夫，有助於揭示它那粗魯的暴跳如雷的性格特徵。它是中國藝術家的創造，是中國式的人體，那樸實的形象，自然會使我們聯想到古代中州和秦晉高原上，在灼熱的陽光下赤臂勞作的農夫。這正是藝術家所熟悉的，他們只有生活在自己同胞的周圍，才可能親身體會到裸露的體魄中所蘊積的力量。

中國式佛教造像，經歷了漫長的歲月，漫長的歷程，到了龍門，也告最後完成，而中國佛教藝術的發展，至此也達到了光輝的頂點。此後，宋代的雕塑，無論是大足石刻、晉祠宋塑以及麥積山的著名宋塑，都創造了迥然有異於北魏和隋唐的另一種雕塑美的典範。它們不是思辨的神（北魏），或主宰的神（唐），而完全是世俗的神，即人的形象。大足北山的那些觀音、文殊、普賢等神像，面容柔嫩，眼角微斜，秀麗嫵媚，文弱動人，麥積山、敦煌等處的宋塑，也都如此，更不用說晉祠的那些有名的侍女像了。總之，宋代佛教造像最為成功的作品——優美俊俏的女性形象，正是真實的人間婦女，它們實際上已不屬於宗教藝術的範圍，也沒有多少宗教的作用和意味了。

山西大同華嚴寺內的遼塑菩薩，頗惹人喜愛。宋以後佛教造像最為成功的作品——優美俊俏的女性形象，正是真實的人間婦女。她們實際上已不屬於宗教藝術的範疇，也沒有多少宗教的作用和意味了

第七章

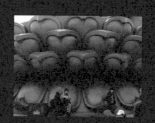

慈心悲懷

——無緣大慈同體大悲

慈心悲懷
——無緣大慈同體大悲

　　如果比較世界三大宗教的信仰象
徵的話，與基督教信仰的象徵——血
淋淋的十字架不同，與伊斯蘭教信仰
的象徵——那彎光明而又空朦的新月
也不同，佛教的蓮花寶座完全一派東

方文化的品格，寧靜，愉悅，超脫，
一如盧舍那大佛的微笑。

　　儘管說人世難逢開口笑，上疆場
彼此彎弓月，灑遍了，郊原血……世
界和平總是人類的共同願望。而要實

現它，就不能抱別的打算，相互欺騙也罷，相互威懾也罷，相互勾結也罷，相互遏制也罷，均非正當手段，必須人人皆有慈心悲懷。兩千多年來，從印度到中國的佛教，之所以又被看作「和平的宗教」，正是由於它堅持以「無我」、「不殺生」和「眾生平等」的慈悲觀念，作爲自己和平思想的淵源和基石，始終對人類的這一永恆主題，給予深切關注。

釋迦牟尼在未創立佛教之前，就對世間那些你殺我掠的暴力行爲，深感厭惡。他後來憤而離家，也與這有關。而當他終於成佛後，則更明確地指出「眾生有八萬四千煩惱」，一切煩惱就其淵藪而言，可以歸結爲貪、瞋、癡三類，又稱「三毒」，它們是種種煩惱的起因。貪即貪欲，指世人欲壑難填，總認爲我的是我的，你的也是我的。瞋即瞋恨或瞋怒，它會擾亂人的心靈，並被這浮躁的心靈所驅動，去幹些胡作非爲的事。癡即無明，就是不知善惡，不知因果，不知業報，不知無我無常等佛教揭示的真理。總之，在佛教看來，人世間一切爭鬥和痛苦，都是貪瞋癡所致，即人們爲滿足私欲，一味追求佔有，倘若

說到佛教「不殺生」的慈悲觀念，不能不想起那位最早強調「佛法不殺」的佛圖澄。

實現不了，便互相仇視，於是發生爭奪、殘殺和戰爭。正是基於對人性弱點的這一清醒認識，佛教勸告人們要抑制自己的欲望，提倡「無我」，以「無我」爲宇宙萬物的法則，認爲「人心既無我執，世界自得和平」。

印度佛教關於「不殺生」的慈悲觀念，傳入中國很早。中國佛教史上，有這樣一段記載：南北朝時，軍閥混戰，白骨遍野，民不聊生。北方後趙政權石勒石虎父子，更以暴虐濫殺著稱。僧人佛圖澄看在眼裡，急在心上，所以當石虎問他「佛法本旨爲何」時，直截了當地回答「佛法不殺」。這句話，概括了佛教的慈悲精神對當時時代的要求，明確地表達了

中國僧人在抗戰期間的行動口號。

加抗日救亡運動。因為，在中國佛教界看來，這完全是從事正義的事業，是保衛家園、懲罰惡魔的行動，雖踏「可殺」之途，但最終目的是為了永遠「不殺」的和平偉業，自然屬於「正行」的範疇。

反對使用暴力的不人道行為。這在現在聽來，也許不足為奇，但在那個根本漠視人的生命、殺人如草不聞聲的黑暗年代，能夠提出如此響亮的救治口號，顯得非常難能可貴。據說就是因為這句話，使殺人魔王石虎如夢忽醒，刀下留人，挽救了不少生靈。

但是，佛教所說的「佛法不殺」，並非可以無原則地濫用，也是有其針對性的。具體地說，只要有利於眾生，有利於國家，有利於佛教的，佛教就認為應當「不殺」，反之則認為「可殺」。例如，在上世紀中國人民反抗日本帝國主義侵略的戰爭中，佛教界便要求信眾於國家危難、民族存亡的關頭挺身而出，去積極參

可見，佛教的和平思想，包容了慈悲不殺和懲治惡行兩個方面，這也是佛教強調「不二法門」的靈活運用。

說到中國僧侶在抗戰中的情形，那可真是可歌可泣，不容抹煞。主要從三個方面展開，一是從事戰地救護和難民救濟，二是舉辦法會護國利生，三是培訓難民參戰，甚至自己直接投入反侵略鬥爭。這裡，只列舉他們直接參戰的若干表現。在山西五台，金閣寺主持釋中空目睹日軍踐踏文殊聖地，佔據寺廟，劫掠文物，決心衛國衛教，率僧人組建了「僧人抗日武裝自衛隊」，積極配合國軍反掃蕩戰鬥。一九四四年三月，嵩山少林寺主持貞緒，親自送素祥、行

善、行書、行方等
武僧參軍。湖北當
陽玉泉寺僧人，在
眼看宜昌淪陷、日
軍企圖攻擊陪都重
慶之際，激於愛國
義勇，自覺動員起
來，為遊擊隊提供
給養，不幸被日軍

抗戰期間，五台僧人組成抗日自衛隊，誓死保衛家園。

發覺，竟將該寺老少三十七人全數捆
綁，用機槍掃射，還焚燒了這座已有
千年歷史的名寺。在湖南，釋理妙深
入敵後刺探情報，慘遭日軍剜眼割耳
挖舌，最後剖肚而死。江蘇宜興僧人

釋恆海，在俗曾畢業於保定軍校，日
軍進犯宜興，他召集僧俗千餘人，施
以軍事訓練，組建遊擊隊，被批准為

這兩位不肯向日寇屈服的中國僧人，即將慘
死在同樣信奉佛門的日軍的槍口下。

相比而言，日本佛教界在現代史上的表現，則令人震驚。日本佛學家道端良秀寫道：「戰時，日本佛教界簡直像發了瘋一般。」怎麼個瘋法呢？請看：日本東本願寺主持河本顯了述，居然引經據典，撰寫《佛教經典戰爭觀》一書，生拉硬扯地把侵略和殺人說成是「聖戰」。侵華期間，一些日僧除了隨軍安慰戰歿者，鼓吹戰敗時應剖腹自殺外，還為軍方傳令，為對華心理戰出謀劃策，被稱為「陣僧」或「使僧」。

司令，轉戰於江蘇宜興和安徽屯溪、廣德等地，屢挫凶鋒，一九三八年在日軍掃蕩太湖馬山時，因彈盡糧絕犧牲……

　　相形於中國佛教徒的愛國義舉，同為大乘信眾的日本佛教界，在近現代史上的表現，則令人震驚。日本佛教界某些人，受「大和魂」民族主義情緒支配，早就有配合軍事侵略對華傳教的圖謀。日本著名佛學家道端良

秀，曾經寫道：「戰時，日本佛教界簡直像發了瘋一般……」請看看道端良秀是怎樣揭露日本佛教界發瘋的吧——日本東本願寺教化研究院主持河本顯了述，居然引經據典，撰寫了《佛教經典戰爭觀》一書，生拉硬扯地把侵略和殺人說成是「聖戰」，是為了實現「八紘一宇」的理想。侵華期間，一些日僧繼承「武士禪」的日本中世紀傳統，除了隨軍安慰戰死者，鼓吹士兵於戰敗時剖腹自殺外，還為軍方傳令，為對華心理戰出謀劃策，這些人被稱為「陣僧」、「使僧」。說來很難置信，「九一八」事變的主要策劃者，竟是篤信日蓮宗的居士石原莞爾，現石原慎太郎的父親。這裡，忽然涉及到日本佛教界戰時納入軍國主義體制的那段歷史性恥辱，沒別的用意，正可以對照中國佛教徒唸佛不忘抗戰的正確態度。

　　佛教在中國，不但歷來是和平的宗教，它所提出的「報四恩」的思想，也顯得特別難能可貴，是與中國的傳統道德（特別是儒家思想）相結合的產物。「四恩」，就是「國土恩」、「父母恩」、「佛恩」、「眾生恩」。中國佛教認為，佛教雖然早

已是跨國度的世界性宗教，然而對每個佛教徒來說，仍然有屬於自己生於斯長於斯的祖國，因此要報「國土恩」。這一思想，不僅表現於應在國家危難之際挺身而出，也反映在平時如何「莊嚴國土」上。「莊嚴國土」，決不是一個簡單的口號，這裡面不知凝聚著佛教徒多少堅定的願心，多少巨大的智慧，多少辛勞的汗水。我們在第五章《伽藍浮圖》中，介紹了中國寺山建設的輝煌成就，那就無不是在把中華大地裝扮得更為神聖，更為美麗，從而既做到道場莊嚴，同時也莊嚴了國土。

如果說佛教的和平觀念，還只是在或一角度、或一層面體現了慈悲情懷的話，它那大量有關慈悲的道德準則，更多地體現在自我修持方面，應盡力止惡揚善，以及貫穿在人與人、人與眾生的關係上。也就是說，佛教認為，凡對他人有利的就是善，不利的就是惡。或者說，對己和對他人都有利的是善，對己不利，但對他人有利的是大善，對己和對他人都不利的是惡，對己有利，但對他人不利的是大惡。顯然，佛教道德完全是以利他平等為旨趣。這種利他主義道德觀，在佛教就稱為慈悲。《觀無量壽經》

許多寺院的影壁上，都鑲有「莊嚴國土」四個大字。這決非一個簡單口號，裡面不知凝聚著佛教徒多少堅定的願心，多少巨大的智慧，多少辛勞的汗水。中國寺山建設的輝煌成就，就無不是在把中華大地裝扮得更為神聖，更為美麗，從而既做到了道場莊嚴，同時也莊嚴了國土。

中說：「佛心者，大慈悲是。」你看，這豈不是說佛教的全部教義，竟然可用慈悲二字以蔽之？而在梵文中，慈和悲本來是分開的，慈是與人以快樂，悲是拔人於痛苦。把慈和悲合起來意譯，就是「拔苦與樂」。《大智度論》上說：「大慈與一切眾生樂，大悲拔一切眾生苦，大慈以喜樂因緣與眾生，大悲以離苦因緣與眾生。」這又是什麼意思？這是在講，慈心是希望他人得到快樂，慈行是幫助他人得到快樂，悲心是希望他人解除痛苦，悲行是幫助他人解除痛苦。因此，結論必然就是：要幫助他人得

佛教「報父母恩」的思想，被十一世班禪講得很透徹。記者問他：「在您的眼中，他（索朗扎西）是您的父親，還是您的信徒？」十一世班禪答道：「那當然是我的父親。如果沒有父親的話，不可能生下我。不能夠忘記父母的恩，如果忘了父母的恩，就不符合人性了。」

到快樂，就應把他人的快樂視同自己的快樂；要幫助他人解除痛苦，就應把他人的痛苦視同自己的痛苦。這正是佛教提倡的「無緣大慈，同體大悲」。

　　這種何其耳熟，卻又的確是佛教所固有的道德意識，與我們現在所提倡的道德準則，有何不同？不同的是，佛教是以所謂「緣起論」為出發

點的,以「緣起論」來解釋宇宙和人生一切現象。「緣起」,即「諸法由因緣而起」。意思是,世間一切事物的產生、存在和消滅,都是由相對的互存關係決定的,都是在一定的空間上相互依存、一定的時間上先後接續的關係中展現的,離開這種關係,就不存在任何事物。在佛教眼中,人類社會當然也如此,人與人,人與社會,均相互依存,由此形成了人類社會網路。每個人都是網路上的一環,每一環都不能脫離整個網路而獨立存在。佛教認為,對個人來說,一切人,一切物,乃至宇宙整體,都是個

人依存的「緣」,對社會來說,每個人,又是一切人、一切物乃至宇宙整體的「緣」,所以,個人的一呼一吸,與一切人息息相關,休戚與共。若按「緣起論」的觀點來推理,一個人要成佛,自然就需要以眾生為緣,依賴眾生的幫助。故而《華嚴經》中,就有一切眾生為樹根、諸佛菩薩為花果的譬喻。這不奇怪,佛教徒既然以成佛為人生最高目標,當然就應該利樂一切眾生,救助一切眾生,向一切眾生伸出慈愛之手。

佛教利他主義道德觀的具體實踐,便是佈施。佈施是梵語「檀那」

是否可以這麼說:心地善良的人,不一定信佛,信佛的人,大都心地善良。

《大智度論》認為，要幫助別人得到快樂，就應把他人的快樂視同自己的快樂，要幫助別人解除痛苦，就應把他人的痛苦視同自己的痛苦。這就是佛教提倡的「無緣大慈，同體大悲」。

的意譯。《大乘義章》卷十二說：「言佈施者，以己財事分布與他，名之為布；輟己惠人，目之為施。」佈施是佛教道德修養中最重要的實踐，在大乘佛教菩薩行「四攝」、「六度」中，皆列為第一。佈施，一般分為財施、法施和無畏施三種。財施，主要是對在家人而言，以金銀財寶、飲食衣服等惠施眾生，稱外財施，以自己的體力、腦力施捨他人，如助人挑水擔柴、解疑釋惑、參加公益勞動等，稱內財施。這種佈施的極端，就是捨身，如佛本生經所說的投身飼虎、割肉貿鴿等故事，就是由此衍生出來的。法施，主要對出家人而言，

即順應人們請求，說法教化，或將自己禮誦修持的功德回向眾生。在佛教看來，法施勝於財施。《大智度論》引佛言說：「施中，法施第一。」這是因為，佈施飲食濟一日之命，佈施珍寶濟一世之乏，法施則能令眾生出世道間，財施只能解除眾生身苦，法施則能解除眾生心苦。無畏施是急人所急，難人所難，隨時助人排憂解難，如救死扶傷、指點迷津、化干戈為玉帛之類。佛學大師窺基在《般若經般若理趣分述贊》中，又提出位施和義施，位施指捨棄榮華富貴而修佛法，義施指為人演說佛法之外的各種義理。

　　這種種佈施，完全是利他的。因此，要求施者必須忘記自己，忘記施物，忘記受者，也就是空掉對佈施者、受佈施者、施物這三者的執著，做到「三體輪空」。如果佈施而企求有所回報，那就不是真正的菩薩佈施，是乃凡夫佈施。這種佈施，對修行成佛是無益的。總之，佛教把佈施視為一種出自慈悲喜捨心、清淨菩提心、廣大平等心的道德行為，完全出於憐憫和同情，只為他人離苦得樂，而不能期待報酬，期待功德。

印度原始佛教中關於佈施的情景，所見記載不多。從佛教傳入中國開始，漢化寺院中的佈施習俗，似乎也就同時出現了。相傳，漢代笮融大起浮圖祠堂，就曾「多設飲飯，布席於路，其有就食及觀者，且萬餘人」。不過，後來的佈施，絕少有這種「費以巨億計」的奢侈場面，大多僅施粥食，也就是寺院僧眾每日食用的主食而已。以至在中國老百姓心目中，一般對佈施的印象，便只有「施粥」了。

佈施何時舉行，並沒固定的日子，往往多在節日、紀念日、大型佛事活動時舉行，如浴佛節、佛成道節、盂蘭盆節等。其中，規模最大的，當首推佛成道節（臘八節）。這一天，不光寺院要普遍施粥，民間也常舉行施粥活動，以表示對佛教慈悲為懷的敬意和仿效。盂蘭盆節，也是寺院大佈施的日子。明代著名雜劇《一文錢》中，就描寫了一個吝嗇至極的人，捨不得吃自家之飯，寧可趕老遠的路，跑到舉行盂蘭盆節的會場，去尋一二吃食的故事。寺院除了在節日施粥，平時若有窮人在僧眾用齋時來到寺院，大都也能分一杯羹，

和僧人一起得到碗粥吃。元雜劇《呂蒙正風雪破窯記》，就寫宋代宰相呂蒙正未發跡前，與妻子同住一間破窯，備受饑寒的折磨，只好一聽到寺院敲響齋堂鐘聲，必定匆匆忙忙地前去「趕齋」，久而久之，連僧人們都嫌棄他了，並和他開了個玩笑，每日先用齋，用過齋，再敲齋堂鐘，這樣一來，呂蒙正趕到寺院時，僧人早已用過齋了，自然不會佈施於他。這個故事說明，寺院的佈施，頂多只能救人一時之急，是養活不了所有窮人的。

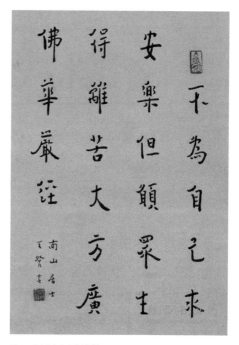

弘一法師李叔同墨寶

菩薩六度

一、布施 二、持戒 三、忍辱

四、精進 五、禪定 六、般若

佛教四攝 一、布施 二、

愛語 三、利行 四、同事

佛門四攝六度，佈施皆為第一攝和第一度。

但是，如果遇到災荒年或兵荒馬亂的歲月，地裡顆粒無收，饑殍遍野，寺院的佈施，大多規模宏大。寺院憑著平日朝廷、施主的施捨，以及寺院田莊免徵賦稅等便利條件，一般都囤積有很多的糧食，某些大寺院更其如此。這時，寺院便會門戶洞開，廣施粥食，吸引無數饑民前來。如《佛祖統記》卷三十九說，隋末戰亂頻仍，饑民無數，曇獻和尚以寺中存糧設粥賑饑，名聲大振。又如唐安史之亂時，天下惶惶，唐玄宗倉皇幸蜀，百姓紛紛逃難，僧人英干在大街

上向饑民施粥，救助了許多瀕於餓死的百姓。

近現代，佛教從事社會救濟活動的慈善事業，在更大規模上展開。著名佛學大師圓瑛認為，利生是大乘佛教的要旨，在近代更「寓有愛群愛國之至意」。他的這一新認識，對整個佛教界影響很大。

一九一九年，長江中下游發生大水災，剛成立的上海佛教居士林就積極籌賑，並予以施醫、施藥、施粥、施衣等。一九二〇年，吳璧華居士見華北五省旱災嚴重，發起組織了佛教籌賑會，募得巨金，親赴災區放賑，又設收容所於各災區，大量安置災民。一九三一年，江淮大水，運河決堤，蘇北數十縣一片汪洋，繼之大旱，上海佛教淨業社居士高鶴年等人，設立婦孺收容所，在災區辦粥廠多處，造萬靈塔十一座，安葬喪亡災民，直到抗戰勝利，他幾乎年年辦賑，並在江

焰口施食，是一種施捨給冥冥之中餓鬼食物的活動，一般在重大法會圓滿之日或辦喪事期間舉行。

蘇劉莊設立了常年慈善中心「婦女淨土安老院」。一九三一年，不僅江淮被災，同時武漢大水，陝西大旱，李白塵居士等在漢口發起成立慈善救濟委員會，漢口佛教正信會會長鍾益亭，親自為災民送醫送藥，求診者日達五百人以上。西安朱慶瀾居士，募金親押賑糧，入陝散發，前後設廠施粥十餘處，日就食者達四萬餘人，並組織以工代賑，設災童教養院，辦婦女染織廠，施醫施藥，掩埋餓殍。康寄遙居士，也發起創立華洋義賑會，辦起《陝西災情週報》、《陝西賑災特刊》，號召國內外人士，為賑災出力出資。

除救急救難外，各佛教團體平時均設有利生部或慈善部，專辦慈善公益，許多寺院也辦起了近代化的慈善事業。如一九二二年，釋印光、心淨等在南京創辦了佛教慈幼院，在法雲寺設立慈悲醫室，為貧苦病人免費診治。一九二四年，釋圓瑛、轉道等重興泉州開元寺，在該寺附設慈兒院、養老院、放生會等。與此同時，釋隆德在高郵承天寺創辦接嬰堂，在當地廣施藥茶衣糧，並大力資助上海慈善機構與中國紅十字會。一九三三年，上海佛教居士林，創辦了上海佛教慈幼院。

尤為令人感慨的是，中國佛教徒不但投身於國內慈善救濟事業，對鄰邦人民受難，也決不坐視。一九二三年，日本關東發生大地震，消息傳

僧人給窮人家送油。

1920年華北五省旱災嚴重，佛教徒親赴災區放賑。

來，中國佛教徒很快成立了「佛教普濟日災會」，派顯蔭、包承志作代表，到日本各地弔唁慰問，使日本朝野人士為之感動。該會還籌款救濟日本災民，建造了大量梵鐘，贈送日本。中國各地寺院，也為日本死難者舉行了大法會，以示哀悼。

寺院的佈施，以及居士們的慈善活動，與歷來朝廷和政府有時也開倉濟貧，有所不同。它對於饑民或災民來說，固然是一種慈善行為，對於僧眾來說，同時又是一種修行活動。它一方面要解人危難，救援生靈，另一方面，也含有勸化俗人皈依佛教的意思在內。所以，寺院的佈施，不單單是施點粥就了事，還有一定的程序。

這就把佈施和宣傳佛教教義聯繫在一起。

佛教慈悲觀在強調利他主義的同時，還主張平等博愛。關於佛教對「愛」的態度，是有過爭議的。因佛教「十二因緣說」主張人們斷滅「愛」緣，有人據此就認為佛教反對愛心。其實，這裡的「愛」，只是指人們的生命欲，以及由此引起的以自我為中心的追求執著。除此之外，佛教並不一般地反對人類之愛，相反還提倡一種無限的、絕對的、無條件的愛。說到愛，古往今來，愛有幾種不同的表現。一是恩愛，愛對自己有教養或扶助之恩的人，愛需要自己教養或扶助的人，在儒家有君臣、父子、

兄弟、夫妻、朋友五倫，在佛教有父母、師長、妻子、親族、僮僕、沙門六方，這是一種基於報恩和責任感的愛。二是泛愛，一視同仁地愛整個人類，如儒家的「不獨親其親，不獨子其子」，就是泛愛，在佛教則主張只要利於他人，一切都可施捨。三是博愛，這主要是佛教的愛，不僅在於人間，而且被及一切有生之物，大者至於禽獸，小者及於顯微鏡下的微生物，甚至涉及無情草木。因爲在佛教看來，一切人類與眾生同具佛性，應該一律平等，而且眾生既然同爲血肉之軀，貪生惡死，與人相同，斷彼生命，快人口腹，彼苦甚劇，而人樂無限，於心何忍？所以，佛教正是基於這種平等博愛的慈悲觀，把不殺生列爲戒律第一條，並因此有禁忌肉食之規定。以至據《楞伽經》講，不僅殺生如殺佛，殺生是在斷絕佛種，而且依六道輪迴轉生的說法，一切眾生曾互爲六親眷屬，故殺生如殺同胞，殺生而食，如同殺自己的父母兄弟而食。從不殺生戒，又產生救生護生、尊重生命、保護生命的觀念。《梵綱經》勸信徒「常行放生」，「若見世人殺畜生時，應方便救護，解其苦難」，這就導致了中國佛教徒放生的習俗。寫到這裡，不禁感到，佛教慈悲觀也許有其局限性，但又不能不承認，就是這樣一種以己度人、尊重一

1931年武漢大水，災民流離失所，佛教徒成立慈善救濟委員會，設粥賑饑，施醫送藥，掩埋餓殍。

民國年間，佛教居士熊希齡創辦的北京香山慈幼院。

切生命的偉大同情心，一種把自利和利他統一起來的博大之愛。

　　放生的習俗，並不完全來自佛教。據《列子·說符篇》記載。早在先秦時，民間就有正月初一放生的風俗。不過，那時的民間放生，主要是有意表示對生靈的恩惠，所以不惜先捕之再放之。而寺院的放生，卻和僧人的修行聯繫在一起，主要體現了出家人以慈悲為懷。

據說，南朝梁武帝曾三次入寺為僧，一心奉佛，他把寺院的放生習俗，也帶給了王公貴族。當時，臨汝侯淵獻大行放生之舉，著名文士謝徵作《放生文》，予以歌頌、佛教天台宗的創始人智顗，更大力提倡放生，他買斷扈梁一帶海面，禁止在海上捕魚，以示放生。自唐代以後，由於寺院的推波助瀾，再加上佛教教義的解說，放生之風愈演愈烈。唐肅宗曾以皇帝身份，下詔修建放生池放生。正所謂上有所好，下必甚焉，全國各地迅速建造了八十一個規模宏大的放生池。宋真宗在天禧元年（一〇一六年），亦下詔重修天下放生池，並禁止在淮州郡淮水上下五里內捕魚。寺院的放生習俗，既然得到了皇帝的青睞，寺院自然也不能放過這個擴大自己影響的機會。宋天禧三年（一〇一八年），杭州天竺靈山寺慈雲大師上奏朝廷，要求以西湖作為放生池，在四月八日佛誕節時大行放生會，放魚放鳥，得到朝廷的恩准。宋天聖三年（一〇二五年），四明山延慶寺法智大師，也奏請在佛誕節時放生，為聖上祝壽，並請求以南湖為放生池。

1923年日本關東大地震，中國佛教界組織「佛教普濟日災會」，予以多方援助。

凡是動物，皆知疼痛，皆貪生怕死，不可殺害。若殺而食之，則結一殺業，來生後世，必受彼殺。

印光法師偈語

當時的樞密使劉均，奉敕撰寫碑文，記載了這件盛事。

　　從佛教教義來看，放生應是隨時可行的，不論何時見到被羈縻和處於困境的生靈，都應予以放生。但作爲一種習俗，大規模的放生活動，主要在歲末、佛誕日、安居竟等日子裡舉行。放生的地方，一般都選在天然湖泊或江河。屆時，僧人尼姑，官吏百姓，文人遊子，都會熙熙攘攘、絡繹不絕地來到放生之地，如過節一般，舉辦隆重熱鬧的「放生會」。僧人放生，還有特定的儀式——多在一空場設案，案上設置楊枝、淨水、醒尺，以及即將被放生的生靈。僧人們都一個個合掌立於案後，聽法師念誦放生詞句。念到最後一句，眾僧便齊聲應和，連誦三遍，再齊誦《大悲咒》

三遍。然後，法師向釋迦牟尼、阿彌陀佛等佛菩薩——誦念，其內容大致是說，某生靈爲網所捕，將入死門，幸值施主xx修菩薩行，發慈悲心，作長壽因，行放生業，救其身命，放生而使其逍遙……在被放生的生靈回歸自然以前，法師還要對其施以「三皈依」。這樣，被放生的生靈，就等於成了佛教徒。接著，又經過一些程序後，在一片誦經和法器敲擊聲中，隨著「放生」一聲令下，飛禽放飛於天空，水族放游於水中，情景十分感人。如果施主送來的是牛、羊、雞、鵝等較大的生物，則按照雌雄之別，分別關於欄中，由寺院負責飼養。這些家禽家畜，將有幸在寺院中終其天年，並受到精心地照看。這期間，如果發生家禽家畜被盜或被猛獸咬死的情況，職事僧還要受到處罰。可見，寺院確實將慈悲爲懷貫徹到底了，充分表現了佛門普度眾生的精神。

　　佛教放生的主張和行動，也許會被某些人視爲荒唐。其實細想一下，這乃是相當了不起的有關生態平衡的

大智舉動。著名畫家豐子愷是個佛教居士,抗戰期間曾繪《護生畫集》一冊,對放生的意義作了最好的說明:「《護生畫集》之旨,是勸人愛惜生命,戒除殘殺,由此而長養仁愛,鼓吹和平⋯⋯頑童一腳踏死數百螞蟻,我勸他不要。並非愛惜螞蟻,或者想供養螞蟻,只恐這一點殘忍心擴而充之,將來會變成侵略者,用飛機載了重磅炸彈,去虐殺無辜的平民⋯⋯」明白了這一點,就會知道千年以來佛教徒堅持素食傳統,也是與生態平衡意識相關聯的。這種觀念到現代,更發展為保護動物、保護生態環境的明確主張,獲得西方有識之士的高度評價,並日漸成為全人類的共識。

眾所周知,佛教有所謂大乘、小乘之別。大乘佛教認為,普度眾生,救濟全人類脫離生死苦海,乃是慈悲善行的極致。它們把只求自利、只求一己解脫的佛教徒,稱為小乘教徒。據大乘佛教看,小乘有兩個根本缺陷——第一,太認真,太執著,仍不免把世界和人生看得太實在了。大乘於是在小乘否定世俗世界的基礎上,對小乘的否定又作了否定,其實是從所謂「世俗諦」上,肯定了世間世界

的現實存在。第二,小乘太看重自我,太講「自利」,因為在世間受苦的,不單是個人,而是一切眾生,那麼去爭取解脫,也不應是個人,而應是一切眾生,小乘佛教徒輾轉在自我痛苦之中,遠離世間,置眾生於不顧,豈不是自私自利之極?大乘則認

畫家豐子愷是佛教居士,抗戰期間曾繪《護生畫集》一冊,對放生的意義作了最好的說明:「《護生畫集》之旨,是勸人愛惜生命,戒除殘殺,由此而長養仁愛,鼓吹和平⋯⋯頑童一腳踏死數百螞蟻,我勸他不要,並非愛惜螞蟻,或者想供養螞蟻,只恐這一點殘忍心擴而充之,將來會變成侵略者,用飛機載了重磅炸彈,去虐殺無辜的平民。

佛教放生的主張和行動，是相當了不起的有關生態平衡的大智舉動。佛教徒堅持素食傳統，也是與生態平衡意識相關聯的。這種觀念了到現代，更發展為保護動物、保護生態環境的明確主張，日漸成為全人類的共識。

為，沒有眾生的解脫，就沒有個人的真正解脫，甚至提出要度盡人間所有人，自己才能得度而成佛。這種氣度宏大、積極入世、干預生活的主張，與中國的國家本位和民本思想的文化傳統，比較接近，所以小乘原始教義在中國影響有限，各個教派紛紛以大乘自居，致使一種本來是「出世間」的宗教，因而變為寓「解脫」於社會活動的宗教了。

　　大乘佛教要求在如何慈悲為懷

上，必須弘揚菩薩行。「菩薩」是梵文「菩提薩埵」的略寫，「菩提」意為覺悟，「薩埵」就是有情，泛指一切有情有識的眾生，菩提薩埵。即為「覺有情」。故而，菩薩乃是大乘佛教道德理想的人格化。譬如，為中國人所熟知的地藏菩薩，曾立下「地獄未空，誓不成佛，眾生度盡，方證菩提」的宏願，自願質身於地獄作轉輪王，以求救拔惡道眾生。又如觀音菩薩，主張「隨類度化」，對於一切眾生都救苦救難，不分貴賤賢愚，遇難眾生只須誦念她的名號，她就能尋聲而至，拯救解脫。他們都集中地體現了佛教的慈悲精神。

可見，大乘佛教所說的菩薩行，是要求自覺覺他，自利利他，上求佛道是自利，下化眾生是利他。但既然只有捨己利人，拔苦與樂，才能證得涅槃，成就正果，所以核心還是利他。至於在利益眾生時，則特別強調要有難行能行、難捨能捨、難忍能忍的態度。前面講到，菩薩行的道德修養，包括「四攝」、「六度」。「攝」是引導的意思，「四攝」即菩薩引導眾生的四種方便：一為佈施；二為愛語，即對人說話要和顏悅色，善言慰諭，說誠實語、質直語、調解語及和善語；三為利行，即助人為樂，與人為善；四為同事，即與人和睦相處，以誠待人。「度」是梵文「波羅蜜多」的意譯，含有「濟渡」、「到彼岸」的意思。「六度」，是指完成佛教自我道德修養的六條途徑：第一是佈施度慳貪；第二是持戒度毀犯；第三是忍辱度瞋恚，對於橫逆違意之境而不起瞋，是為忍耐，對於諸法實相之理安住不動，是為安忍，忍又有二忍、三忍、四忍、五忍、六忍等說法，總之都是要求人瞋我不瞋，人惱我不惱，佛教把忍辱視為萬福之源；第四是精進度懈怠，

精是純粹不雜的意思，進是勇猛不懈的意思，斷惡修善，利樂眾生，都要勇猛精進，不退初心；第五是禪定度散亂，掃蕩一切妄想雜念，不為哀、毀、譽、稱、譏、苦、樂等「八風」所動，令心專注於一境；第六是智慧度愚癡，通達事理，簡擇正邪，決斷疑念，時刻保持清醒和冷靜的頭腦。六度是相互聯繫、相互促進的，只要六度齊修，便能具有菩薩的高尚品

僧人放生有特定的儀式，放生前齊誦《大悲咒》三遍，還要對被放生的生靈施以「三皈依」禮儀，意味著被放生的生靈，等於成了佛教徒。隨著「放生」一聲令下，飛禽放飛於天空，水族放游於水中，情景十分感人。

佛教期望其信眾對佛虔誠，卻反對以自殘身命來做此表示。這是古時就立在普陀山潮音洞旁的警示碑。

德。

應該指出，中國佛教主要是在印度大乘佛教的影響下發展起來的，菩薩成為一代又一代中國佛教徒心嚮往之的理想人格，慈悲成為中國佛教最主要的道德觀念。可是，如果真正按照歷史唯物主義的觀點，憑心而論地說，我們也不妨承認，釋迦牟尼原教旨主義的慈悲觀，到中國似乎發生了變化，本來是利他主義的慈悲，在很

多情況下，變為利己主義的東西。以至到後來，指導佈施和放生等行為的，在許多地方，不再是那種利他平等的慈悲精神，而是另外一種福田思想。什麼是福田思想？有人認為佈施和放生能夠積聚功德，使自己死後得到善報，往生西方極樂世界。猶如撒種於地，至秋天收穫一樣，佈施物即種子，田地即佛，撒種越多，將來收穫也越多，從佛那裡得到的好處會越多。你看，釋迦牟尼的慈悲觀，是建立在對現實人生和自我利益的超越之上的，中國的福田思想，則是從利己

目的和現實利益出發，這兩者實在毫無共同之處。而釋迦牟尼的慈悲觀，在浸潤著現實主義精神的中國大地上，出現的這種變化，又是完全合乎邏輯的。實用理性，是中國傳統思想在自我性格上所具有的特色。這種實用理性，使人們非常執著於現實生活和現實利益，而較少去泛泛地追求精神的「天國」。所以，中國佛教徒一般很少具有那種宗教的獻身精神，也就很難真正弘揚佛教的慈悲精神。那麼，這究竟是壞事，還是好事呢？是應該由教理負責，還是應該由信徒負責呢？說不清楚，也許兼而有之罷。

無論如何，佛教要求人們具有慈心悲懷，總是一個崇高的理想，儘管這理想離現實太遠，理想畢竟有理想的價值。打開天窗說亮話，所謂慈悲，不過是人己利害衝突的時候，多為別人想想而已，普度眾生的心和行，淺之又淺地說，會使社會減少一些你爭我奪的力量，增添一點互諒互助的力量。如果多少能做到這樣，也是值得歡迎的。

佛教慈悲觀念，對民間的影響，可謂深入人心。

第八章

法運禪風

——靈山法會上得來的啟示

法運禪風
——靈山法會上得來的啟示

　　印度僧侶，大多給人以奇詭苦行的印象。中國僧侶，於超凡出塵之外，還表現出更多的性靈，既要坐禪，更要開悟，或不坐禪，也開悟。這便是中國佛教從靈山法會上的拈花一笑中，得來的啟示？

　　作為中華「大乘根器」的禪宗，絕對是一種特殊的佛教文化模式。你看歷史上，三論、天臺、法相、華嚴、淨土、真言、律宗⋯⋯佛教諸宗都傳進中國，但經過數百年的挑選洗汰之後，除淨土宗在下層社會仍有巨大影響外，在整個社會意識形態中，中國自創的頓悟禪宗，成為最後和

印度僧侶，大都給人以奇詭苦行的印象，中國僧侶，於超凡出塵之外，還表現出更多的性靈，既要坐禪，更要開悟，或不坐禪，也開悟。

最大的優勝者。它們佔盡了深山幽谷的大自然，滲透進中國人（特別是知識份子）的心靈，並使這心靈再走向大自然時，變得更加深沉、超脫和富於形上意味的追求，使本來否定生命、厭棄世界的佛教，最終變成了某種具有瞬刻永恆的徹悟心境，某種具有盎然生意的人生境界。所以，直到今天，禪宗仍然是中國佛教的主要流派。直到今天，中國人的文化心態、思維模式、審美情趣，都擺脫不了來自禪宗的影響。

那麼，什麼是禪，什麼是禪宗，它又是怎樣影響到中華民族的人格——心靈哲學的形成呢？

「禪」，是梵文「禪那」（Dhyana）的略稱，意譯爲「靜慮」、「思維修」，即進行寧靜安祥的思慮和運用思維活動的修持。用現在的話說，是用深入思索的辦法改造思想，將「開悟」當作自己的唯一追求。至於何謂「禪宗」，這要從最早的有關禪宗是「教外別傳」的臆造傳說講起。據說，當年釋迦牟尼在靈山會上聚衆說法，曾拈起一朵金波蘿花給衆人看，大家誰也不知道是什麼意思，只有站在佛祖身旁的摩訶迦葉，會心地破顏一笑，於是佛祖說，「吾有正法眼藏，涅槃妙心，實相無相，微妙法門，不立文字，教外別傳，付囑摩訶迦葉」。瞧，佛陀拈花，迦葉微笑，成就了禪宗是佛祖教外

我本求心不求佛　了知三界空無物

若欲求佛但求心　只這心心心是佛

我本求心心自持　求心不得待心知

佛性不從心外得　心生便是罪生時

歷史上，佛教諸宗都傳入中國，但經過數百年的挑選洗汰之後，中國自創的頓悟禪宗，成為最後和最大的優勝者。

別傳的神聖起源，這傳說多麼優美動人，又是何等便宜之事。但禪宗認為，佛祖在靈山會上拈花示眾，是要弟子們領會佛教的根本精神，迦葉破顏微笑，則暗示他獲得了佛教思想的真髓。因而，這種「不立文字」、「以心傳心」的無言之道，被禪宗自詡為由釋迦牟尼直接秘授的法門，而迦葉也就列為該宗西土第一代祖師。這樣，禪宗的淵源可以直接上溯到釋迦牟尼，在與其他各宗的對抗中，處於有利地位。

類似的神話，不斷湧現。據說，當「正法眼藏」（普照一切的根本佛法）由西土第二十七祖般若多羅傳給第二十八祖菩提達摩時，希望達摩以後將其傳到中國去，並送他一首詩偈——「路行跨水復逢羊，獨自棲棲暗渡江……」。這首詩偈，是對達摩日後來華傳教的預言。其中，「跨水」是說他將從海路來華，「逢羊」是說他將在廣州登陸，而「渡江」則是說又去北方傳法。後來，果不其然（當然是按照後來中國人不知何時編

造的這首詩偈而言），南朝梁普遍年間（五二〇～一五二六年），達摩由海上登陸廣州，再至金陵（今南京），本想用禪家機鋒，點化對佛教極感興趣的梁武帝，不料發現與這位糊塗皇帝話不投機，失望之餘，折一片葦葉化爲舟船，渡江北上，到嵩山少林寺面壁去了。古往今來，中國講禪宗，至少在名義上，要推菩提達摩爲祖師。請注意，他的身份還非常特別，就是身兼二祖，即西土第二十八祖和中土初祖。別人，連釋迦牟尼在

內，都沒有這樣的地位。可是，關於他的傳說，「跨水逢羊」也罷，「一葦渡江」也罷，到嵩山「面壁九年」也罷，恐怕均出自後代禪僧們的想像和願望。徵諸史實，盡管我們不能不承認達摩是一個歷史人物，但他的事跡，遠不如傳說的那麼重要。

後來，達摩將他的禪學奧旨連同袈裟和寶鉢，一併傳給了中國一位名叫慧可的高僧，就是那位爲求佛法而不惜「立雪斷臂」的僧人。同時，達摩也作了一首詩偈，以預示中國禪宗

菩提達摩確有其人，只是也被後世給神化了。南朝蕭梁普通年間（西元520～526年），菩提達摩由海上登陸廣州，再至金陵，本想用禪家機鋒，點化對佛教極感興趣的梁武帝，不料與這位糊塗皇帝話不投機，失望之餘，折一片葦葉化為舟船，渡江北上，到嵩山少林寺面壁去了。

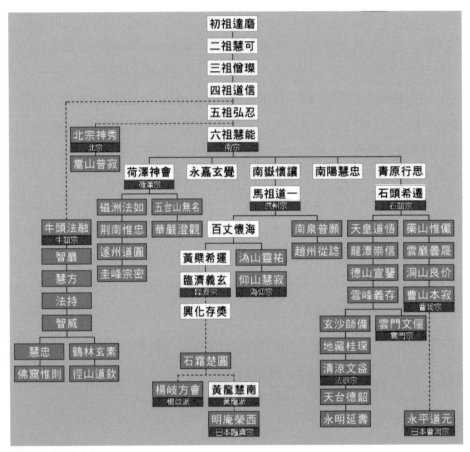

禪宗祖師法脈傳承表

的發展歷程。詩偈說：「吾本來茲土，傳法救迷情。一花開五葉，結果自然成。」二祖慧可，後將衣鉢傳三祖僧璨，僧璨傳四祖道信，道信傳五祖弘忍。弘忍以後，禪宗分為南北二宗，北宗神秀主張漸修，南宗慧能主張頓悟。在傳法方式上，慧能的南宗改變了師弟單傳的做法，一個祖師可以傳幾個弟子，每個弟子又各成一家。慧能門下，就有青原行思、南嶽懷讓、南陽慧忠、荷澤神會等弟子，形成禪宗的主流。後來，青原一系，又分為曹洞、雲門、法眼三宗，南嶽系下分成溈仰、臨濟兩宗，合稱「五家」。「五家」的出現，是「一花五葉」預言的證實。至此，初祖達摩終於圓了他弘化東土的夢。

然而，一般說來，人們都把六祖

慧能看作是中國禪宗的真正創立者。這是因爲，歷史上的禪宗，雖說與達摩禪有思想上的某種繼承關係，在法統上也有血脈之情，但它的根本思想，無疑是由慧能奠定下來的。達摩禪沒有頓悟的內容，也沒有否認坐禪的要求，本質上仍然是印度禪（靜慮、思維修）的翻版。慧能禪宗，與傳統意義上的禪，以及南北朝各家禪學，有原則區別，它是中國人以自己的思想方式和生活方式建立起來的。

慧能禪宗思想的核心，是他的佛性說，即認爲人人心中皆有佛性，人性就是佛性，因此本來是人人皆可成佛的，只是被各自心中所產生的妄念、邪念迷惑著，使其不能認識固有的佛性罷了。所以，慧能要求人們在選擇成佛道路時，要有堅定的主觀信仰，相信自己的內心。也就是說，人們要解脫苦難，不必向外面尋找原因，只需向內心努力即可。從而在成佛問題上，充分肯定了自我的能動作用。

慧能另一個重要的佛教思想，是他的頓悟成佛說。頓悟還是漸修，是唐代以慧能爲代表的南宗禪和以神秀爲代表的北宗禪的根本分歧點。前者主張無須長期修行，只要一旦覺悟，便可成佛；後者則認爲必須通過長期苦修，才能逐漸把握佛理而成佛。結

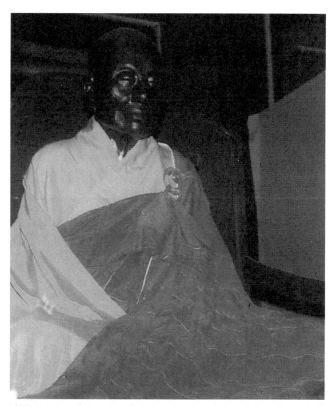

在佛文化的天幕上，確有許多像慧能這樣的高僧，志念宏遠，品格高潔，發智者的風範，立行者的高標，搜揚慧光，求索妙諦，不愧爲釋門的龍象，佛家的精英。

果，前者壓倒了後者。因為頓悟說宣揚的是一種簡捷的功夫，一掃其他佛學的繁瑣枯燥，主張以心傳心，主張貼近生活，這就不僅能使廣大的下層群眾（沒有文化的勞動人民）樂於接受，也易為上層統治者、包括依附於他們的知識份子所賞識。其實，細想一下，頓悟和漸修，未必真那麼難以相容。用現在的眼光來看，漸修好比是一條集諸點而連成的線，頓悟好比是線的末端一個較重的點。只要靈光一閃，立刻萬事大吉，即便不是絕無可能，總是太難見到，也太少見了。

譬如，牛頓看見蘋果落地，發明震動世界的科學定律，該算是頓悟的範例了罷？但牛頓之前，不知有多少牛頓，才讓牛頓成為牛頓。當然，牛頓之所以成為牛頓，自有其獨到的境界，多少人天天吃蘋果，並無新的發現，只有變糞的可能。所以，慧能主張頓悟，只是從「瞬刻可以永恆」這一哲學高度所做出的重大突破，實際上也並不完全排斥漸修的作用。

這裡，順便談談毛澤東對慧能的評價。毛澤東在一九五八年八月二十一日中共中央政治局北戴河擴大

六祖慧能一個重要的佛學思想，是他的頓悟成佛說。頓悟還是漸修，是唐代以慧能為代表的南宗禪和以神秀為代表的北宗禪的根本分歧點。前者主張無須長期修行，只要一旦覺悟，便可成佛，後者則認為必須長期苦修，才能逐漸把握佛理而成佛。結果，宣揚形式簡捷、貼近生活、以心傳心的前者，壓倒了繁瑣枯燥的後者。

禪宗是怎樣影響到中國人的人格心靈哲學的形成呢？那就請看——自從達摩面壁，慧能作偈，馬祖建叢林，百丈立清規，只見北漸南頓，不立文字，直指人心，自性是佛，公案深參，棒喝亂打，語錄廣造，一花開五葉，天下盡歸禪。

會議的講話中，就談到慧能。他說：「唐朝佛教《六祖壇經》記載，慧能和尚，河北人，不識字，很有學問，在廣東傳經，主張一切皆空。這是徹底的唯心論，但他突出了主觀能動性，在中國哲學史上是一個大躍進。慧能敢於否定一切。有人問他，死後是否一定昇天？他說不一定，都昇西天，西方的人怎麼辦？他是唐太宗時的人，他的學說盛行於武則天時期，唐朝末年亂世，人民思想無所寄託，大為流行。」這段話表明，毛澤東對禪宗特別是慧能思想，早有研究。據毛澤東身邊工作人員回憶，中共建政以後，毛澤東曾多次索看《六祖壇經》，有時外出視察工作，也帶著它。

毛澤東的國際政治秘書林克，還告訴我們，毛澤東曾一再跟他談論慧能，說慧能使從印度傳入的佛教中國化，不但是禪宗的真正創始人，亦是真正的中國佛教的始祖，說在慧能的影響下，印度佛教在中國至高無上的地位動搖了，甚至可以「呵佛罵祖」，後世將慧能的創樹稱為「佛學革命」……林克感嘆自己當時並未領會毛澤東三番五次讚揚慧能的深刻用心，直到翻閱了大量有關慧能及其學說的論述，才感到慧能自幼辛勞勤奮，在建立南宗禪時與北宗禪對峙，歷盡磨難的坎坷經歷，他不屈尊於至高無上的偶像，敢於否定傳統的規範教條，勇於創新的精神，以及把外來的宗教中國化，使之符合中國國情，

禪宗作用於現實社會的功過得失，只想粗略地從思想史和美學史的角度來看，禪宗作爲佛教中國化的產物，有些什麼基本特徵，它又如何與中國人的自然觀與人文觀發生聯繫。

慧能是不識文字，卻能「悟道」的開山典範。他的主要教義之一，便是「不立文字」，即不在思辯推理中，去做概念和認識的俘虜。因爲在他看來，任何語言文字，都是人爲的枷鎖，它們不僅是有限的、片面的、僵死的、外在的東西，不能使人去真正把握那真實的本體，而且正是由於執著於這種思辯、認識、語言，反而束縛和阻礙了人們去把握根本。這種思想，在莊子的學說和魏晉玄學中早已有之，禪宗把它進一步發展了。須知，無論莊子或玄學，還總是通過語言概念的思辯、討論和推理，來表達和論述什麼，儘管莊子有時用的是譬喻和寓言，玄學用的是精巧的抽象，仍不能脫離語言、文字、概念、思維。禪宗後來，要求連這些也徹底拋開，乾脆用種種形象直覺的方式，來表達和傳遞那些被認爲本不可以表達和傳遞的東西。這種表達和傳遞，既然不是任何約定俗成的客觀符號，結

《百丈清規》，係禪宗六祖慧能的三世徒百丈懷海（六祖慧能—南嶽懷讓—馬祖道一—百丈懷海）制定的叢林清規。這部關於禪宗寺院管理制度的專著，分上下兩卷，共計九章。裡面所作的諸項規定，有效地保障了禪宗在中國歷久不衰。

爲大眾所接受等特徵，與毛澤東一生追求變革，把馬克思主義原理同中國革命實踐相結合的性格、思想、行爲，頗多相通之處。至於毛澤東素來言談幽默含蓄，寓意頗深，這也可能與熟悉禪宗有關。

限於篇幅，我們無意介紹禪宗思想的由來始末，以及「四料理」、「四賓主」、「五位君臣」、「奪境」、「奪人」等細部，也不想涉及

果就變成一種特殊的主觀示意了。它以十分突出的方式,表現在所謂禪宗「公案」中。

「公案」,原指官府判決是非的案例,禪宗借用它,專指前輩祖師的言行範例,從中領會禪的意味。禪宗公案不勝枚舉,其中流傳最廣的,是這樣一則故事——馬祖道一和百丈懷海師徒倆在路上走,見野鴨子飛過,馬祖問,是什麼,百丈說,野鴨子,馬祖又問,飛向何處,百丈回答,飛過去了,馬祖遂扭百丈的鼻頭,百丈忍痛不作聲,馬祖道,何曾飛去。這段公案的意思是,野鴨飛空本是平常事,但馬祖卻要發問,正是要在這一問中傳燈於百丈。百丈的對答,首句答野鴨子是正確的,因為指的是眼前事實。馬祖再問飛向何處,已不是指野鴨,而是指百丈的心在哪裡,百丈回答飛過去了,表明心隨野鴨飛走了。所以,馬祖要扭百丈的鼻子,把他的思路糾正過來。這表明禪宗講求的「悟」,不可言說,不可道破,並非理智認識,又非不認識,而僅是一種只可意會、不可言傳的神秘的領悟和感受。但是,任何教義的傳播,總

禪宗在中國,祖庭多達十五家,著名的祖庭就有六家。河南嵩山少林寺,當之無愧為第一祖庭。這是少林寺內保存了三百餘年的康熙帝所賜御匾。

毛澤東對慧能思想，早有研究。在一次中共中央政治局擴大會議上，講著講著，話鋒一轉：「慧能不識字，很有學問，在廣東傳經，主張一切皆空，這是徹底的唯心論，但他突出了主觀能動性，在中國哲學史上是一個大躍進。」接著，又扯到始作俑者，其無後乎，說自己有兩個兒子，一個死了，一個瘋了，都有點疑似法運禪風。我甚至覺得，他在長征途中能指揮紅軍四渡赤水逃出生天，這一令人百思不得其解的謎團，都可能與他修為獨到的禪門根底有關。

不能完全逃避語言文字，否則畢竟很難相互溝通，禪宗作為教派，也不能存在和延續。於是，禪宗實際上在「立」了許多文字，講了許多道理之後，便特別需要用種種方式來不斷指出，這些人為的語言文字，並不是真實本身，不能用它們去真正言說、思議和接近那真實的本體。那麼，究竟用什麼好呢？除了說些令人莫名其妙，或大吃一驚的話外，禪宗公案裡充滿了拳打腳踢，以及豎拂子、彈指、吐舌、展手、垂足、繞床三匝、掀禪床、作女人拜等奇怪的動作。其中，德山棒（打），臨濟喝（斥），在禪林裡更是出了名的。這類辦法的來由，可以引用《毛詩序》的話來說明，就是：「言之不足，故嗟嘆之；嗟嘆之不足，故咏歌之；咏歌之不足，不知手之舞之足之蹈之也。」這裡，恐怕用以製造超常情氣氛的作用比較多，具體指點作用有多大，則很難說。

說到公案，連帶便是瀰漫在這些公案中的「機鋒」。《紅樓夢》第九十一回，寫黛玉和寶玉以禪語問答，就是在運用機鋒。黛玉道：「寶姐姐和你好，你怎麼樣？寶姐姐不和你好，你怎麼樣？寶姐姐前兒和你好，如今不和你好，你怎麼樣？今兒和你好，後來不和你好，你怎麼樣？你和他好，他偏不和你好，你怎麼樣？你不和他好，他偏要和你好，你怎麼樣？」寶玉呆了半晌，忽然大笑道：「任憑弱水三千，我只取一

古畫中這四位披髮僧人，頗契合我心中古代禪僧應有的樣貌。禪門往事，除了在機鋒上愛說些令人莫名其妙或大吃一驚的話外，公案裡充滿了拳打腳踢，以及豎拂子、彈指、吐舌、展手、垂足、繞床三匝、掀禪床、作女人拜等奇怪的動作。其中，德山棒（打），臨濟喝（斥），在禪林更是出了名的。

瓢飲」。黛玉道：「瓢之漂水，奈何？」寶玉道：「非瓢漂水，水自流，瓢自漂耳。」黛玉道：「水止珠沉，奈何？」寶玉道：「禪心已作沾泥絮，莫向春風舞鷓鴣。」黛玉道：「禪門第一戒是不打誑語。」寶玉道：「有如三寶。」聽，話說得撲朔迷離，像是句句有言外之意，讓人覺得有意思，甚至覺得巧。因為，這是在化顯為隱，使難說的變為可以說。

其實，仔細品味二玉的話，雖然迷離，總還沾邊。你若去翻翻《古尊宿語錄》、《五燈會元》一類講禪學的書，就會發現禪師們的機鋒是多麼不沾邊，有些竟象夢中囈語。不，夢中囈語，都比它有邏輯性。例如，「甚麼是祖師西來意」，這是在問「究竟什麼是禪」這個根本問題的，而歷代禪師們的回答，卻五花八門，有的回答是「庭前柏樹子」，有的回答是「一個棺材，兩個死漢」……無論哪個回答，你若當作常語去聽，保證聽不懂。又如問「如何是佛」，禪師們的著名回答是「乾屎橛」、「麻三斤」等等。機鋒，乃是六祖慧能這

馬祖道一和百丈懷海師徒倆，關於野鴨子的對話，是理解何謂禪宗公案最典型的案例。兩人對話的即興性很強，並非宿構在胸，而是臨機問答，語語從天真中流露。而且，細聽他們說的每句話，都似乎言近旨遠，意義跳出語言概念之外。這就在不經意中，造成一種妙語解頤、雋永無窮的思想境界。

位原本不識字的樵夫啓其端倪，到了馬祖道一和百丈、黃檗、臨濟這些禪師們手裡，變本加厲的一變，形成唐宋時代禪宗最流行的教授法。它的目的，在於考核學人的見地與實證的功夫，以及引起他們的懷疑，從而達到自參和自悟的作用。因此，禪宗大師的機鋒，不僅往往有迴出意表、非義所思的特徵，也有不少妙語解頤、雋

永無窮的境界。這些機鋒，不是早已宿構在胸，都是臨機對答，語語從天真中流露。故而，它從認識論上來講，也有優越的一面，就是奇而巧。因爲總是言近旨遠，言在此而意在彼，意義跳出語言文字之外，於是不可說的就成爲可說，難表達的就成爲易表達。禪語的這種優越性，對禪林以外的人，當然也會有吸引力。

既然禪宗的「悟道」，一向以了生死、求解脫爲目的，認爲這就是明心見性、立地成佛，因而只能成爲一種完全獨特的個體感受和直觀體會，即個體感性經驗的某種神秘飛躍，具有極大的隨意性和偶然性。禪宗大講「平常心是道」，主張在自然而然的日常生活中，「無所住心」才能超越，就必然要求將信仰與生活完全統一起來。不要那一切繁瑣的宗教教義和儀式，不必出家，也可成佛，不必那樣自我犧牲，長修苦煉，也可成佛。並且，成佛也就是不成佛，在日常生活中保持或具有一種超脫的心靈境界，也就是成佛。從「頓悟成佛」到「呵佛罵祖」，從「人皆有佛性」到「山還是山，水還是水」，重要的不只是「從凡入聖」，而更是「從聖

入凡」，同平常人、日常生活表面完全一樣，只是精神境界不同而已。所以，「擔水砍柴，莫非妙道」，「語默動靜，一切聲色，盡是佛事」。請注意，自東漢佛教傳入中國，信仰佛教的僧眾，或獨坐孤峰，或隱居林下，過的是與世隔絕的生活，與世聯繫則是去乞食，大概還保有印度當時佛教徒的形態。至南北朝及隋唐之際，這種不事生產、以乞食自修的生活方式，不但不爲以農立國、以勤儉持家的社會觀念所歡迎，而且引起朝廷的反感。同時，出家的男女僧尼愈來愈多，勢之所趨，便自然會形成團體生活的趨勢。到盛唐，經禪宗大師馬祖道一及他的得意弟子百丈懷海創制，不顧原始印度佛教的規範與戒律，毅然建立中國式的禪門叢林制度，集體從事農耕，實行「農禪並重」的原則。禪宗乃至整個佛教，能夠在中國流傳至今，與馬祖、百丈改制大有關係。

禪宗非常喜歡講大自然，喜歡與大自然打交道。它所追求的那種淡遠心境和瞬刻永恆，經常假借大自然來感受和領悟，即所謂「青青翠竹，總是法身，鬱鬱黃花，無非般若」。這是一種非常複雜的高級審美享受。好些自然科學家，也曾提及這種體驗，即在研究自然現象時，有時可產生一種宇宙合目的性存在的奇異感受，即似乎感到冥冥之中有某種與規律性相同一的目的或事物。一些人把它說成是自由的想像，一些人由此而相信上帝，實質上正是這種值得深入研究的審美感受。禪宗之所以多半在對大自然的觀賞中，去獲得對所謂宇宙目的

《五燈會元》這部書中，全是些宋代禪師講禪學的語錄。你若當作常語去聽，保證一句也聽不懂。

禪宗還愛講「山還是山，水還是水」，語頗平實，大有深意。

性、從而似乎是對神的了悟，也正在於自然界本身是無目的性的。花開水流，鳥飛葉落，它們本身都是無意識、無目的、無思慮、無計劃的，也就是說，是「無心」的。但就在這「無心」中，在這無目的性中，卻似乎可以窺見那個使這一切所以然的「大心」、大目的性。並且，只有在這「無心」、無目的性中，才可能感受到它，一切有心、有目的、有意識、有計劃的事物、作為、思念，比起它來，就毫不足道，只妨礙它的展露。所以，禪宗教義與中國傳統的老莊哲學，在對待自然的態度上，有相近之處。它們都採取了一種准泛神論的親近立場，要求自身與自然合爲一體，希望從自然中吮吸靈感與了悟，來擺脫人事的羈縻，獲取心靈的解放。在它們看來，千秋永在的自然山水，高於轉瞬即逝的人世豪華，順應自然，勝過人工造作，丘園泉石，長久於院落笙歌……不同的是，老莊所樹立、誇揚的是某種理想人格，即能作「逍遙遊」的「至人」、「真人」、「神人」，禪宗所強調的，卻是某種具有神秘經驗性質的徹悟心境，後者顯然比前者更徹底，也更深刻。

　　既然禪宗的「悟道」，一向以了生死、求解脫為目的，認為這就是明心見性，立地成佛，因而只能成為一種完全獨特的個體感受和直觀體會，即個體感性經驗的某種神秘飛躍，具有極大的隨意性和偶然性。禪宗大講「平常心是道」，主張在自然而然的日常生活中，「無所住心」才能超越，就必然要求將信仰與生活統一起來。

佛門以灑掃為第一執事，自沙弥至老耄無不早起勤作也。香林有塔帚而洗洗而又掃，合利放大光明不在塔中而在手中矣。

蘇伐羅吉蘇伐羅記

在佛教各宗中，禪宗不但總愛強調「自性是佛」，還敢目空一切地「呵佛罵祖」，向所有佛教傳統教條戒律挑戰。這實際上是在佛教內部發動了一場改革開放，所以才使它獲得如此大的生命力。

　　中國自中唐以後，士大夫們狂熱禮贊南宗禪，形成風靡士林的禪悅之風，就不是偶然的。中唐以後的士大夫中，除韓愈、柳宗元、白居易等少數理想主義者，一度恪守儒家傳統，

熱情關注政治革新和民生弊病外，絕大多數士人被沉重的廢棄感、幻滅感所包圍，對現實世界的失望，促使他們往彼岸世界去尋覓內心的安寧與平靜，正所謂「終日昏昏醉夢間，忽聞春盡強登山。因過竹院逢僧話，又得浮生半日閒」。而禪師們「以詩禮接儒俗」，「以文章接才子，以禪理悅高人」的高雅，以及禪林的清靜閒適，更對他們增添了莫大吸引力。

　　誠然，禪宗吸引士大夫的，不僅是它那蓮花萬朵、無生無死、悠哉遊哉的彼岸世界，更重要的，是它所獨具的在「悟」中求得自我心理平衡的功能。中國士大夫深受儒學經世精神浸染，總是企望「治國平天下」，實現人生價值。然而，真正能實現這種人生理想的人，為數畢竟不多，大多數士人因仕途狹窄或官場風雲變幻，在現實世界中節節敗退下來，偃蹇一生。在這些失意士子中，看破紅塵、皈依佛門者雖大有人在，但更多的士子，卻時時有一種焦灼撕裂感。禪宗的絕妙之處，在於它能把人的情欲導向內向反省，使情欲轉化為人生情操的自我修養動力，從而平息了向外追求的躁動。白居易對禪宗的這一功

能深有感觸，說只要參透「南宗心要」，便可「頹然自足」，「撫省初心，求仁得仁，又何不足之有也」。呂溫亦言，禪宗「極力以持其善心，專念以奪其浮想」，能使人「心無所念，念無所求」。你看，在引導人們抑制欲望，使之轉移或昇華爲一種人格自我完善力量上，禪學與孟子的學說，竟然有異曲同工之妙。

禪宗之所以如此影響到中國的世道人心，不僅是它那蓮花萬朵、無生無死、悠哉遊哉的彼岸世界，更重要的，是它所獨具的在「悟」中求得自我心理平衡的功能。從而可以「撫省初心，求仁得仁，又何不足之有也」，可以「極力以持其善心，專念以奪其浮想」，能使人「心無所念，念無所求」。

不過，禪宗作爲佛門宗派，一般是仍要出家當和尚的，即脫離現實人倫和世俗生活。這些和尚們的生活、信仰和思想情感，包括他們那些說教談禪的詩篇，對廣大知識份子及其文藝創作，並無重大影響。真正有重大影響和作用的，是禪宗在理論上、思想上、情感上對超越的形上追求，給未出家當和尚的知識份子在心理結構上，從而在他們的文藝創作、審美趣味和人生態度上，所帶來的精神果實。

如上所述，禪是不訴諸理知的思索，不訴諸盲目的信仰，不去雄辯地

你看佛門一指禪，與其說是氣功使然，莫如想是否有佛性加持。

論證色空有無，不去精細地講求分析認識，不強調枯坐冥思，不宣揚長修苦練，而就在與生活本身保持直接聯繫的當下即得、四處皆有的現實境遇中，「悟道」成佛。這種只憑完全獨特的個性感受和直觀體會，既非刻意追求，又非不追求，既非有意識，又非無意識，既非泯滅思慮，又非念念不忘，對於文藝創作來說，不正是很熟悉、很貼切和很合乎實際的麼？

中國的文學，自漢末、魏晉、南

北朝到隋唐之間，所有文章、辭賦、詩歌的傳統內容與意境，大抵不外淵源於五經，紛紛出入孔孟的義理，涵咏諸子的芳華，間或有飄逸出群的作品，都是兼取老莊及道家神仙閒適的意境，作爲辭章的境界。然而，自唐開元、天寶以後，從李白、杜甫、王維、孟浩然、岑參到韋應物、劉長卿與大曆十才子等人，便很明顯地加入佛與禪道的成份。再變爲元和、長慶間的詩作，如平白淺近的白居易、風流靡豔的元稹，以及孟郊、賈島、張籍、姚合，乃至晚唐文學如杜牧、溫庭筠、李商隱等，無一不出入於佛道之間，而且都沾上禪味，才能開創出唐代文學特有的芬芳氣息。如王維的《鹿柴》——「空山不見人，但聞人語響，返景入深林，復照青苔上」，遠處的人語襯托著山的空寂，密林裡漏下一線落日的返照，那微弱的光線灑在碧綠的苔蘚上，顯得多麼冷清，青苔對這陽光並不陌生，黎明時分，正午時分，都曾受過它的照射，現在到了黃昏，它又照來了，然而這次復返，它的亮度、熱度和色調都發生了變化，這青苔返照，如同一個象徵，使人想到大千世界就這樣不知不覺地

生生滅滅，無有常住。禪宗重視「返照」的功夫，「返景入深林，復照青苔上」，所用的字面，也使人聯想到禪宗的教義，而詩裡所體現的清靜虛空的心境，更是禪宗所提倡的。

受禪宗意境影響的詩文，到宋代更為明顯，名士如蘇東坡、王荊公、黃山谷等，均受禪宗思想的熏陶，乃有清華絕俗的作品，南宋陸（放翁）、范（成大）、楊（萬里）、尤（袤）四大家，也都與佛禪結有不解之緣。這時期，禪宗「妙悟」的另一常見形態，是對人生偶然性的深沉點發，以及就在這偶然性的點發中，在這飄忽即逝不可再得中，去發現、去領悟、去尋覓、去感嘆那人生的究竟和存在（生活、生命）的意義。大家都讀過蘇軾的《赤壁》前後賦罷，他與禪宗及老莊的思想，有極其密切而明顯的關係，所以才有這種千古絕調的文章意境。請再讀蘇軾的詩——「人生到處知何似，應似飛鴻踏雪泥。泥上偶然留指爪，鴻飛那復計東西……」，請再讀蘇軾的詞——「……多情應笑我，早生華髮，人間如夢，一樽還酹江月」。「人間如夢」，是中國人早就有的感慨，但它

在蘇軾這裡所取得的，卻是更深一層的對人生目的和宇宙存在的懷疑和感喟。它已不是去追求人的個體的長生、飛昇和不朽，而是去詢問

唐代詩人王維，禪道意味極濃。特別是他那首《鹿柴》詩，在暗喻大千世界就這樣不知不覺地生生滅滅，無有常住。詩中，「返景入深林，復照青苔上」兩句，更使人聯想到禪宗特別重視「返照」的功夫。而詩裡所體現的清靜虛空的心境，也是禪宗所提倡的。

禪宗「妙悟」的另一常見形態,是對人生偶然性的深沉點發,以及就在這偶然性的點發中,在這飄忽即逝不可再得中,去發現、去領悟、去尋覓、去感歎那人生的究竟和存在的意義。

這整個存在的本身究竟是什麼,有什麼意義?有什麼目的?它要求超越的是這整個存在本身,超越這個人生、世界、宇宙……從它們中脫身出來,以參透這個謎。這正是禪的特色,是從一種全新的角度,對以儒道為主體的華夏心理傳統的又一次豐富和展開。

至於唐宋時代方外高僧的作品,也頗有些膾炙人口的佳作。唐代高僧寒山子的詩,意境之高妙,進入不可思議的禪境,但平易近人的特點,比香山居士白居易更甚。禪僧貫休、皎然等人,都有很多不朽的名作。宋代濟顛和尚(俗稱濟公)的絕筆之作——「六十年來狼藉,東壁打倒西壁,如今收拾歸來,依舊水連天碧」,若以詩境而論詩格,他比范成大、陸放翁毫不遜色,若以禪學的境界論詩,幾乎無一句無一字而非禪

境。如果對於禪宗的見地與功夫，沒有幾十年的深刻造詣，實在不容易弄清它的所指。但總的來看，具有禪味的文人的詩，要比許多僧人所作的禪詩，更真正接近於禪。這是由於，好些禪詩偈頌，因爲著意要用某種類比來表達意蘊，常常陷入概念化，結果變成了論理詩、宣講詩、說教詩。仍以詩詞中禪味最濃的蘇軾爲例：「古今如夢，何曾夢覺？但有舊歡新怨，異日對南樓夜景，爲余浩嘆」，「世路無窮，勞生有限，似此區區長鮮歡。微吟罷，凭征鞍無語，往事千端……」。這裡的感嘆，絕不是禪僧

蘇軾行書《邂逅貼》，又稱《江上貼》，感慨莫名，寄託遙深，現藏臺北故宮博物院。

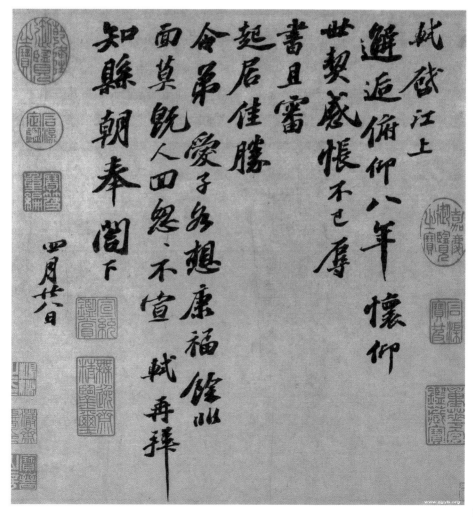

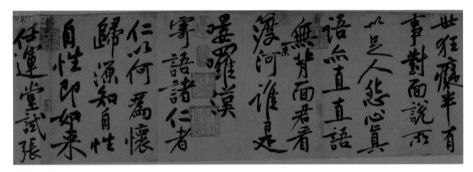

唐代高僧寒山子的詩作

能夠吟咏得出的。

　　說到中國文學中的小說，將近一兩千年來，始終與佛道兩家的思想情感沒脫離關係。所以，便形成後世民間對於戲劇的編導，流傳著兩句俗話，說是「戲不夠，仙佛湊」。羅貫中在《三國演義》的開端，首先用一首《西江月》，表明他對歷史因果循環的觀念，什麼「滾滾長江東逝水，浪花淘盡英雄，是非成敗轉頭空，青山依舊在，幾度夕陽紅，白髮漁樵江渚上，慣看秋月春風，一壺濁酒喜相逢，古今多少事，都付笑談中」，這便是《金剛般若經》上所說「一切有為法，如夢幻泡影，如露亦如電，應作如是觀」。施耐庵的名著《水滸傳》，表面看來好像僅是一部描寫官逼民反的小說，如果再加深入探究，

宋代高僧濟顛和尚，完全被後世給漫畫化了，他其實是一個極有思想和才華的人。

它在另一面，仍未離開禪宗善惡因果的中心思想，隱含著強梁者不得其好死的觀念。至於《西遊記》、《封神榜》等書，全般都是佛道思想，更不在話下。以筆記文學著名的蒲松齡，所著《聊齋志異》，幾乎全用狐鬼神人之間的故事，襯托著善惡果報的關係。聞名世界的《紅樓夢》，大家一定更為熟悉。它的開端，便以一僧一道出場，各自歌唱一段警塵醒世的玄語禪機，然後又以仙凡之間的一塊頑石與一株小草相憐相酬的故事，說明許多形形色色、纏綿悱惻的癡情恩怨，都記在一本似真如假的太虛幻境的賬簿上，隔著茫茫苦海，放在彼岸的那邊，極力襯托出夢幻空花、回頭是岸的禪境。作者在開始的自白中，便說出「滿紙荒唐言，一把辛酸淚，都云作者癡，誰解其中味」，以及「假作真時真亦假，無為有處有還無」的警句，這豈不是《楞嚴經》上「純想即飛，純情即墮」以及「生因識有，滅從色除」的最好說明嗎？所以，有人讀《紅樓夢》，是把它看作一部幫助悟道的好書，有人讀《紅樓夢》，便會誤入風月寶鑒、紅粉迷人的那一面。其中，

是非得失、好壞美醜的問題，都只在當事人的一念之間而已。

明末清初的石濤，與同時代另外三位僧人畫家弘仁、髡殘、朱耷，合稱「清初四僧」。四僧中，我最喜歡的還是石濤的筆墨，蒼勁奇逸，淋漓瀟脫，禪意盎然，於汪洋恣肆中寓靜穆之氣。現代畫家張大千先生，曾精研石濤，仿其構圖，據說幾能亂真，但筆力好像畢竟不如石濤般厚重。

明代晚期以後的山水畫，以白當黑，小中見大，無畫處亦成妙處，以及講究水墨韻味和乾筆勾勒等，實際上都與禪有關。

大概自明代晚期起，中國山水畫越來越遠離世間煙火，以往「高遠」、「深遠」的多重層次的巨幅山水，開始向或寒林蕭瑟、或曠蕩迷冥的「平遠」轉移。從此，「以白當黑」，「小中見大」，「無畫處皆成妙處」，以及講究水墨韻味、乾筆勾勒等等，便成為中國後期繪畫理論中不斷湧現、終於成為常規的普遍法則。它們實際上都與禪有關。

前面講過，禪宗本來是不立文字的，更不用借重文藝以鳴高，但唐宋以來的禪師們，與文學都結有不解之緣，更不必說對禪宗感興趣的文人

了。他們那清華淡雅的有關禪的意境的作品，在當時當世的勞勞塵境中，又真不啻擾攘人生的清涼解渴劑。這大概是因為，宗教與文藝，本來就是不可分離的連理枝。它們都需要敏銳的內心體驗，都重視啟示和像喻，都追求言外之意，這就使它們有了相互溝通的可能。只是這種溝通，表面看來似乎是雙向的，其實主要是禪對文藝的單向滲透。文藝賦予禪的，不過是一種形式，禪賦予文藝的，卻是內省的功夫，以及由內省帶來的理趣。元好問說：「詩為禪客添花錦，禪是詩家切玉刀。」也許把禪的作用估計過高，但不可否認，禪給了詩一種新的刺激，使詩的面貌更加豐富多彩了。

自第二次世界大戰以後，日本的佛學家們由於政府支持，努力向歐美宣揚佛教文化，而且特別宣揚禪宗。因此，現在在歐美各國，提到禪宗，提到禪學，已成為最時髦最新穎的學問，可惜都是來自日本的版本。所以，目前在國外（包括日本）所講的禪宗，偏差趨勢越來越明顯。如有人認為，披頭嬉皮等表現，乃是受「禪」的啟示，站在中國文化的立場來講，實在是莫大的誤解。又如美國青年，曾經流行服用一種名叫LSD的迷幻藥，弄得瘋狂浪漫，行為不檢，思想虛玄，也說與禪定有關，真是笑話。此外，認為幽默與諷刺就是禪，瑜伽氣功就是禪，都是在魚目混珠，指鹿為馬。國內的某些人，由於受到市場經濟的衝擊和社會不正之風的刺激，一時難以適應和理解所面臨的種種現象，心理承受能力遇到挑戰，從而促使他們對禪宗發生興趣。總之，時至今日，我們誰也不應當繼續無視禪宗思想的存在和影響。禪宗雖然早已是世界性的宗教，它的祖庭在中國，禪宗思想雖然早已傳播於各國，它的源頭在中國，對於禪宗思想的正確研究，是中國學人義不容辭的責任。

俄羅斯總統普京參訪少林寺。是學禪，還是比武。

第九章

交匯圓融

——開闊了中國人的胸襟

交匯圓融
——開闊了中國人的胸襟

　　中國佛教，是從印度傳入。然而，古往今來，在中國人的傳統意識裡，主張異中求同，即承認分殊、卻強調共性、以求一統的思維方式，與讓人人心中皆可保留一個各自的太陽的印度的傳統意識，又很不相同。這就導致佛教中國化或中國化佛教的標誌之一，只能是一條獨特的交匯圓融之路。

　　換言之，由異域而來的佛教，之所以能夠被中國文化所接納，當然是由於中華民族一向具有對外來文化擅於兼收並蓄的博大胸懷，同時也是由於佛教文化本身內涵豐富，具有中國文化所缺乏的特定內容，可以對中國文化發揮補充作

用。但是，這只是被後來的結果所證明了的，而在此結果出現之前，二者的碰撞和對立，曾相當激烈和漫長。衝突的要點，大致有以下幾個方面——

首先，如何理解生命的永恆。熱愛生存，不願死亡，是人作為生物的本能。那麼，生命有沒有可能永恆？怎樣才算生命的永恆？中國人的傳統意識，對此是顯得頗為理性的。他們既承認人固有一死，又發現人死了以後，並非消失得無影無蹤，還在以幾種形式繼續存在著。其一，可見於他的子孫。因為，沒有他的生命，就沒有他的子孫，子孫在外貌乃至性格氣質上與父祖的相似，也證明後代的生命是前人生命的延續。因此，只要「子孫孫，無窮匱也」，他的生命就趨向於一種永恆。其二，可見於生命的影響。這種影響，表現在社會對他生命活動痕跡的注意上。我們在追悼會上常說：「他沒有死，他永遠活在我們心中。」為什麼要這樣說？因為他的生命活動，對別人對群體的存在有功蹟，人們就紀念他，他的生命形象還留在活人心裡，就可以說他的生命仍以某種形式存在著，假若這個人的功蹟之大，使人們世世代代記著他，他的生命不也算得到一種永恆嗎？這便引出了其三，人的名字是生命的符號，每一個名字代表著一個具體的生命，所以對「留個好名聲」乃至「名垂青史」的企望，實際上也是一種對生命永恆的追求。如果說還

天安門廣場上，人民英雄紀念碑基座四周的浮雕，即表明何謂生命永垂不朽。

南宋文天祥遺詩「人生自古誰無死，留取丹心照汗青」，也是一種對生命永恆的追求。

有其四，那就是人們覺得把自己的思想語言長久地保存下來，使之在世界上仍能發揮作用，也是追求著生命的永恆。不過，上述對生命永恆的追求，雖然是切合實際的，可能辦到的，但這至多只是某種意義上的永恆，畢竟不會令人感到十分滿意。真正滿意的永恆，只能是本人長生不死。這又如何辦到？恐怕唯有在幻想中，才能得到滿足，於是就有道教信仰的產生。佛教，

則是在生命斷然不能永存的事實上，提出自己對生命意義的觀念。因為，生命為什麼要讓它永恆？這一願望的前提，當然是存在即快樂。佛教認為事實恰然相反，人之生命活動的過程，就是受苦受難的過程，所以生命存在的時間，竟然是越短越好。說得更深入些，若按佛教的看法，生命只是一種現象，而任何現象都是本質的，這個本質又應該是超越時間和空間的，只要把握了現象中所顯露的本質，也就取得了永恆，可以進入涅槃境界

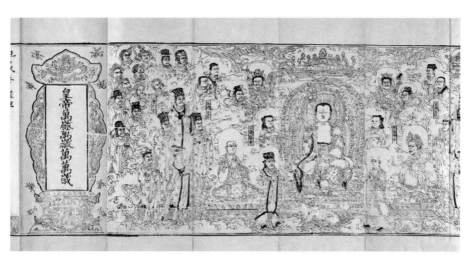

《菩薩本緣經》書影

了。佛教宣稱，只有按這種思路去實踐，才能得到無上快樂，死後才能成佛。然而，這些話聽起來富有哲理，卻未免大大超過了中國民眾意識上的承受力。因為，此種永恆和快樂，只是在追求過程中的一種精神體驗，甚至只是一種幻覺。倘若生命的永恆不過如此，那對絕大多數中國人來說，實在太令人失望了。

其次，在於救世意識的差異。即救苦救難，是幫助眾生克服病痛災禍而求生呢，還是讓他們認識到病痛災禍是生命的必然屬性，從而在根本上尋求解脫。佛教是主張救苦救難普度眾生的，但更多的不是在現實中幫助人們解決生存的苦難，而是認為生存本身就是苦難的根源，如果幫助人認識到這一點，就算是普度眾生了。毫無疑問，這與「仁義」觀指導下的救世思想，大不相同。中國傳統的救世思想，重心都放在如何克服社會中危害人生存的弊端，建立一個盡可能完善的適合民眾安居樂業的生存環境上。無論是孔子憧憬的大同世界，還是陶淵明嚮往的桃花源式的小社會，都體現著這一精神。另外，佛教普度眾生的對象，又並非僅限於人類，而是包括著一切有情之物，即一切生命。佛教救世實踐中，所提倡的常用手段，也是比中國原有的救世思想寬廣得多的

佈施。他們佈施的對象，可擴及各種飛禽走獸，而佈施物，則包括自己的生命。在《菩薩本緣經》中，太子須大拿不僅捨盡財寶，最後割捨了妻子兒女。《妙色王因緣經》中的妙色王，為了能聞佛法，甘願將兒子老婆及自身供奉夜叉，被它「分裂其身，啖肉飲血」。佛教宣揚這些故事，把它們作為號召佈施的榜樣，與其說是解救受佈施者的苦難，還不如說是解除佈施者本人的「苦難」，即通過向外界佈施，把自己從所謂「煩惱車」、「生死海」中解脫出來。用中國人的眼光看來，佈施根本不是救治社會弊病的辦法。從中國傳統意識來講，以妻兒及本人生命作佈施，更是駭人聽聞，難以接受。因此，雖然佛教

傳到中國後，也曾極力宣揚這些故事，敦煌莫高窟中的壁畫就是證據，宣揚效果卻甚微，從未有人把這種佈施作為救世的方式。

再次，在於不同的真理觀與行為觀。中國傳統思想，以生為至善，「天地之大德曰生」，認為生生不息是天道，也是人間至理，於是以入世的態度，將有利於人類共存的倫理道德，奉為社會人生的金科玉律，任何違背它的都是悖論。佛教則以出世的態度，將尋求解脫作為人生的最終目的，並號稱其說法放諸三千大千世界而皆準。這就帶來一個問題——宗教與世俗的權威，誰高誰低。也就是說，假若社會承認佛教觀念體現至上真理，那麼佛教信仰就應奉為社會最高信仰，社會上其它思想應服從佛教的觀念，與之矛盾的說法，至少應該收斂，即使世俗君主的權威，也得如此這般，就像佛教盛行時印度諸國的情況一樣。試問，這在曾經是朕即國家的中國，能行得通嗎？

《妙色王因緣經》中的駭人情景

尤爲嚴重的是，上述對真理信念的不同，必然波及到人的社會行爲。佛教與中土意識在這一點上，也顯現了多方面的不同：第一，佛教要求出家人割斷與世俗社會的個人聯繫，首當其衝的就是他與家庭及宗族的聯繫，這就意味著他不再承擔對家族的任何義務。在中國人的傳統觀念中，每個人的生命是祖先生命的一部分，也是宗族生命的一部分，生命並不完全屬於他自己，他沒有權利去擅自尋找什麼生命的解脫，而不惜削弱宗族的總體生命，毀掉祖先傳遞下來的生命之火。個人對祖先、對宗族最負責任的態度是孝，而孝的實行就不能出家，因爲一出家就要與孝發生矛盾，如必須剃除父母所給予的鬚髮，不能娶妻生子，不能對父母長輩盡奉養之責，不能爲宗族博得榮華富貴……故出家常被視作一種反叛。《紅樓夢》中賈寶玉出家爲僧，正是被當作他背叛行爲的最後一舉。第二，表現爲行爲規範上的衝突。佛教有一整套修道奉佛的禮儀習慣，這對中國社會固有的行爲規範——「禮」——勢必造成衝擊，從而也引起對它的不滿和排斥。第三，佛教提倡眾法平等，這與以維持三綱五常爲基本關係的中國等級社會，更要發生衝突。

佛教與儒教和道教的關係，當其傳入之初，即相互影響滲透，趙宋以後，更呈現儒釋道三教合一的格局。三者儘管時有齟齬，卻從未鬧到你死我活的地步。這可能是由於，它們畢竟都具有「二元忠誠」的思想基礎，既忠於教主，又忠於君主，在政治品格上較爲接近。

北魏文朗佛道造像碑，上雕佛道造像兩尊，左側為天尊，右側為釋迦，可見直到北魏時，佛教與道教仍難解難分。

對立的，所以儒教對佛教要持批評排斥態度。道教以自我為真實，主張「無死」，佛教則以世界為空幻，主張「無我」，道教追求長生不老，宣揚仙化，佛教追求精神解脫，宣揚涅槃，所以二者也是對立的。儒釋道三教，為了爭奪統治者的恩寵和正統地位，在歷史上不知演出過多少幕相互攻訐的鬧劇。但是，由於它們其實都是能夠為統治者所利用的，更由於統治者在上面精心運作的結果，三教之間的鬥爭雖然沒完沒了，同時又表現為種種錯綜複雜的形態，這倒是耐人尋味的。

可見，佛教傳來中國初期，所遇到的阻力和困難，難免是多方面的。除了社會習慣心理對外來思想的抵制外，它還特別遭到道教和儒教的反對，引起相互間長期的鬥爭。儒釋道三教，在教義和修行方法上，都很不相同。儒教主要是社會政治倫理思想，歷來被統治者作為控制世道人心的基本工具。儒教的忠孝禮義，與佛教的悲觀厭世是

前面講過，佛教作為一種外來宗教，當它剛傳入中國時，曾極力迎合中國本土文化。特別是作為道教前身的「神仙道」和「黃老道」，更是其依附的對象，故時人曾將佛教看成是神仙道術的一種，社會上也黃老浮屠兼祀。不但如此，早期佛教徒，還有意在譯經時攀附道家學說，如安世高譯《佛說大安般守意經》，把佛門細數出入氣息、防止心意散亂的「安般守意禪」，解釋成「安為清，般為

淨,守爲無,意名爲,是清淨無爲也」,支謙把《般若道行品經》譯爲《大明度無極經》,「大明」和「無極」,均取自道家的經典《道德經》。這種不合佛教學說原意的牽強附會,顯然只是便於佛教在中國流傳而已。

佛教對儒教的攀附關係,更是明顯的。三國時代,南方吳國有個國君叫孫皓,曾想在國內禁絕佛教,拆毀寺廟,有位叫康僧會的僧人,便進宮向他宣傳佛法。孫皓問:「佛教宣揚因果報應,有何根據?」康僧會答道:「《周易》說積善之家必有餘慶,積惡之家必有餘殃,這既是儒家經典上的格言,也是佛教闡明的道理,故佛教認爲行惡則有地獄長苦,修善則有天堂永樂。」孫皓聽后,覺得不無道理,便容忍了佛教的傳播。其實,儒教的報應說是建立在「天道」觀上,所謂「天道福善禍淫」,報應的主體不是行爲者本人,而是他的子孫,佛教則主張自作善惡自受福禍,個人行爲個人承擔後果,兩者並不相同。但在當時的歷史條件下,佛教在中國社會還不能弘揚

「四諦」、「八正道」等根本佛法,而只能宣揚與中國儒教道德觀念比較接近的善惡報應說,也就沒有必要強調兩者的差異了。康僧會還通過編譯《六度集經》,用印度大乘佛教的慈悲觀念去比附儒教的仁愛思想,這就更便於佛教在中國取得合法傳播的資格。到魏晉時代,出現了一種「格義」佛教,完全用中國傳統的儒教思想以及當時流行的老莊玄學,來說明佛教教義,則把這種攀附推到極致。

必須指出,在對待佛教的態度

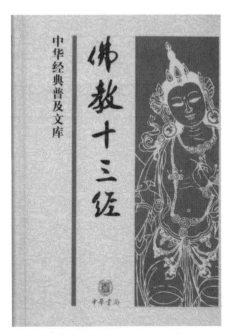

儒家著名經典,號稱「十三經」。佛教於是也搞了套十三經。

上，儒道兩教常站在一起共同反對它，而佛教對於儒道兩教，卻往往能夠有所軒輊，分別對待。佛教對於儒教，鑒於它是古代中國的王道政治、宗法倫理的根基所繫，在中國士大夫中具有無可置疑的影響，深知得罪不起，故多採取靠攏、迎合、調和的態度。對於道教，佛教就不那麼客氣了，多採取以牙還牙、奮起反擊的做法。因此，在中國歷史上，佛道之爭顯得尤為尖銳激烈。之所以會出現這種情況，除了道教不像儒教具有強大的政治思想背景，對它的反擊不會直接危及佛教的生存和發展外，如前所述，

還因為佛道之間在許多基本觀點上是嚴重對立的。當然，如果從佛道關係的整個歷史看，教義的歧異未必是佛道之爭的主要原因，倒是諸如夷夏之辯、孰先孰後、誰更有助於中國的王道政治、誰更接近於中國的傳統倫理等問題，常常成為兩教爭論的焦點。

早在漢魏時期出現的《牟子理惑論》，就輯錄了當時包括道教徒在內的中土人士對佛教違背中國傳統綱常倫理的指責，認為它首先違背了孝道。孝道，是中國傳統倫理的基石，而「身體髮膚，受之父母，不敢毀傷」，乃中國之古訓，「不孝有三，無後為大」，為華夏之格言。佛教徒的剃髮出家，不能婚嫁，正好為道教的排佛提供口實，指責他們「脫略父母」，使得「父子之親隔」，「捐六親」，使得「夫婦之和曠」，「捨禮義」，使得「友朋之信絕」，「蔑帝王」，使得「君臣之義乖」。總之，在

民國年間木刻本《海沂子》，試圖將佛教理論和儒家思想合而為一，加以論述。

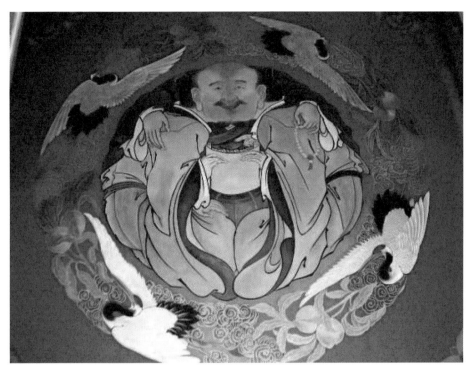

該圖在把佛門五戒與儒家五常調和起來

道教徒看來，佛教違背了古代中國的一切綱常倫理，因此是一股「入國而破國，入家而破家，入身而破身」的禍水。至於「浮屠害政」、「桑門蠹俗」，更是道教和儒教一起反佛的另一個重要口實。他們經常從歷史和現實的雙重角度，力陳佛教對於王道政治的危害，或曰「唐虞無佛圖而國安，齊梁有寺舍而祚失」，或曰「三皇無佛而年永，二石有僧而政虐」，指出沙門「無益於時政，有損於治道」，認爲「損化在於奉佛，益國在於廢僧」。好傢伙！道教徒從佛教危害王道政治這一點上去反佛，堪稱絕招。因爲，在古代中國，王權是凌駕於一切之上的最高權威，如果道教能夠拿出較充分的證據，說明佛教對王道政治確實是個威脅，那麼佛教徒們即使盡再大的努力，也難逃被誅滅的命運。

　　道教與佛教衝突的另一個核心問題，是「夷夏之辯」，認爲學佛無異於捨華夏而從夷狄。道士們自詡道教禮儀「出茲華夏」，「蓋

敦煌寫經中的《老子化胡經》

「華夏之古制」，抨擊佛教「左袒偏袒」，「非預人倫，實夷狄之風」，故應退回天竺。總之，道教之反佛，多從這些中華民族的社會政治制度、思想文化傳統、民族心理習慣上立論，因此常把佛教推到相當困難的境地。特別是有幾次道教借帝王之手反佛，幾乎將佛教逼至徹底垮臺的絕境，這就是佛教史上著名的「三武之難」。

「三武之難」的第一難，由北魏太武帝發動和主持，但卻是在嵩山道士寇謙之的策劃下進行的。北魏太武帝和後趙的石勒、石虎父子不同，與他的祖（道武帝）父（明元帝）也不同，他不主張「佛是戎神，正所應奉」，而是自稱他的拓跋姓氏本為黃帝子孫，他乃漢人後裔，故應崇奉漢人固有宗教，於是便通過滅佛崇道，以表示棄胡親漢。這既是他在當時激烈的民族矛盾鬥爭中採用的一種策略，也適逢在一次鎮壓西北人民起義的過程中，從長安佛寺裡抄出大批武器，同時發現寺僧多飲酒、藏匿婦人和財富，就決定乾脆對佛教來一次大掃蕩，下詔「除偽（佛）定真（道）」，所有圖像胡經，皆擊破焚燒，沙門無少長，悉坑之」，給當時正在北方興盛的佛教，以沉重的襲擊。

第二難，是北周武帝發動的一次經過長期準備的滅佛運動。北周

「釋迦佛境忘我，老子道界無形」。這兩句話，似乎各錯關鍵字眼，應是前者「無我」，後者「忘形」。

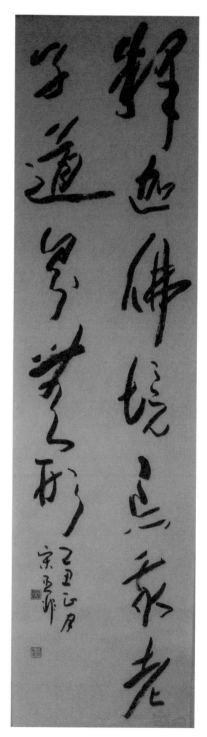

武帝歷來崇信儒道，對佛教不感興趣，後來在一個由和尚變成道士的衛元嵩和一個叫張賓的道士的影響下，他經常登殿主講儒經和道經，並召集數千人大會，討論儒道佛孰先孰後的問題，隨即制定出儒教為先、道教其次、佛教最後的次序。這一排列次序，自然引起佛教徒的反對。北周武帝只好又下詔，宣佈禁止佛道兩教，讓和尚道士一律還俗，以示一視同仁。實際上，他是廢佛而未廢道，在北周境內把所有佛像經卷全部破毀，所有寺廟賜給王公貴冑作宅第，讓近三百萬和尚還俗，寺院財產藉沒入官，同時卻設立通道觀，勒令所有和尚道士一齊參加，學習道教理論。這是因為，北周武帝早就看穿佛教因果報應說的荒唐無稽。當時，有個叫慧遠的僧人，曾用因果報應說來恫嚇他。北周武帝憤怒地回答：「但令百姓得樂，朕亦不辭地獄諸苦。」可見，北周武帝的反佛是堅決的。他的滅佛手段，雖不像北魏太武帝那樣慘劇，但比前者結果要深入得多。

　　以上兩次滅佛，都與道教徒的暗中策動有關，道教當然也因此取得了一時

的勝利。但不旋踵，佛教就又反攻過來，把道教打下去，繼之而起的是大興佛教。例如，繼北魏太武帝滅佛後，北魏文成帝即大興佛教，著名的雲岡石窟，就是這個時期建成的。又如繼北周武帝滅佛後，北周宣帝取消禁令於前，隋文帝進一步興佛於後。這就告訴我們，宗教既然有它必然存在的各種社會條件，若依靠行政手段來強行取締，縱能收效於一時，終不能消滅它，有時反而助長了它。正如隋朝人王通所言：「真君（北魏太武帝年號）、建德（北周武帝年號）之事，適足推波助瀾，縱風止燎耳。」

「三武之難」的第三難，即唐武宗的毀佛運動，發生在唐會昌五年（八四五年）。有人說，這次行動不同於前兩次，沒有道教徒參加，並非反映佛道衝突，這是不對的。據史料記載，唐武宗即位前，就頗好道術，即位後，更崇信道教，並以道士趙歸真為師，趙歸真經常向他「排毀釋氏」，屢請滅除道教以外的宗教，加上當朝宰相李德裕也贊同此說，終於釀成「會昌法難」。這次滅佛，對佛教的打擊很大，佛教從此進入「末法」時期。

道教在反佛過程中，不僅與佛教爭正統，而且爭先後。在東漢時，已有「老子入夷狄為浮屠」之說。後來的道士便添油加醋，造作出一部《老子化胡經》，說老子西行到印度，在那裡創立了佛教，並

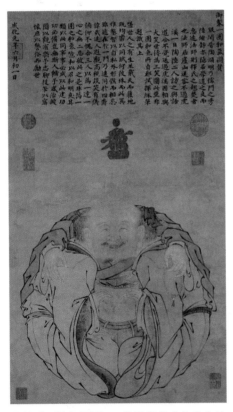

這幅《一團和氣圖》，為明憲宗成化帝朱見深所繪，意在闡述三教合一思想，北京故宮博物院藏。

收釋迦牟尼爲徒。此經旨在表明，老子早於佛陀，道教比佛教高出一頭。佛教在這個問題上，則採取針鋒相對的態度，造出《清淨行法經》，把道教教主老子說成是釋迦牟尼的弟子，意謂道教當在佛教之後。當然，如果佛教只滿足於跟道教這種互相貶低，它就很難在中國站穩腳跟，佛教要在中國求得生存和發展，至少必須對道教所提出的那些帶根本性的問題，有個較爲圓滿的解釋和回答。關於道教說佛教有乖中國綱常倫理的指責，佛教是用出家在家之說、方內方外之談去辯解，說明釋典也有奉親尊師敬君之教，佛教的慈悲觀念與中國傳統的仁孝思想殊途同歸，從而把佛教學說與傳統文化機智地統一起來。對於道教說佛教「有損國治」的指責，佛教徒聲稱其懲惡勸善的教義，有助於民淳政和，反譏道教，卻讓人只顧自己。在「夷夏之辯」問題上，佛教徒多以中國古代聖賢不乏出自外族之人予以回答，指出「師以道大爲尊，無論於彼此，法以善高爲上，不計於遐邇」。佛

許多佛寺內，將老子和孔子請來，讓他倆陪伴釋迦如來。

教徒還以中國歷史上的「伊洛不夏」、「吳楚翻成華邑」為例，說明夷與夏的概念，並非一成不變。這些反駁，顯然具有一定的說服力，而且在一定程度上糾正了以地域論法之高下、以種族論人之優劣的偏見，對於掃清佛教在中國流傳道路上的思想障礙，無疑起了相當的作用。當然，在回答駁斥道教對佛教種種責難的同時，佛教徒從來沒有放鬆過對道教的攻擊。在佛教徒看來，《老子》這部道教最高

經典，充其量只是本「導俗良書，非出世之妙經」。至於「三張」之符籙咒語，葛洪之神仙道術，佛教徒則直斥為「鬼道」和「偽法」。佛教徒還攻擊道教很愛「挾道作亂」，指責道教經常組織武裝叛逆，特別強調這是始自他們的祖師張角、張魯留下的反骨，基因上就有問題。道教徒最怕人提到這點，便竭力申辯他們和張角張魯等原始道教不同，或者也跟著咒罵一通張角張魯，以示政治上的清白。

縱觀佛道爭鬥的歷史，人們可以看到，佛教在傳入中土以後，曾

山東青州出土的佛像殘存，疑似北周武帝滅佛時遺物。

遭到包括道教在內的中國傳統思想的強烈排斥。為了確保自己能在中國的土壤中扎下根來，佛教徒不得不力求更多地了解和把握中國的傳統文化，以便於自衛和反擊。比如，他們為了說明佛教不違背中國古代綱常倫理，首先就必須了解這些綱常倫理，為了說明佛教不但無礙反而有益

北朝石雕造像殘塊，河北臨漳出土，疑似北魏太武帝滅佛證據。

於中國的王道政治，首先就得熟悉王道政治，為了指出老莊與道教的區別，並以老莊學說嘲弄道教，首先自己得精通老莊學說。反之，道教對佛教也是如此。這樣一來，佛道之間便出現了一種對立統一的態勢：一方面，道士們為了有效地抵制和排斥佛教，確保能在鬥爭中獲勝，就努力學習佛法；另一方面，佛教徒為了對付道教的攻擊，使自己站穩腳跟，就用心鑽研道書。至於在鬥爭方法上，雙方經常採取既把對方視為異端邪說，貶得毫無足

取，又自覺不自覺地、私下或公開地從對方學說中吸取某些對自己有用的東西，來豐富、充實和完善自己，力求使自己成為一個既包括對方、又超出對方的思想體系。這樣，佛道之間的關係，就表現為既相互排斥相互鬥爭，又互相吸收互相融合，並且由總體上的相互排斥和相互鬥爭，逐漸過渡到總體上的互相吸收和互相融合。

　　前面講過，佛教最初學「道」，幾近於鸚鵡學舌。其實，不但前期佛教受老莊學說的影響，

後期禪宗的思想，受老莊影響更深。如禪宗的所謂「鬱鬱黃花，無非般若，青青翠竹，總是法身」等「無情有性」思想，與莊子的「物我齊一」思想，如出一轍；「萬類之中，個個是佛」的思想，與莊子的「道無所不在」學說，也相通；至於在佛性論上注重「反本歸原」、「尋找主人翁」，與老莊之「返歸自然」、「與道合一」思想，亦相類；修行方法上的「饑食困眠」、「隨緣任運」，則明顯地受到老莊「自然無爲」思想的影響。更有甚者，有些佛教徒直接仿效道教徒煉丹吃藥，似乎也想以求長生。天台宗三祖慧思，就曾立誓「入山修習苦行」，「學五通仙，求無上道」，「願諸賢聖佐助我，得好芝草及神丹」……簡直把神仙丹藥視爲入佛之路徑和鋪墊。興旺於唐代的佛教密宗，更吸收了大量道教的東西，如咒語、手印、修煉術等。其「即身成佛」思想，與道教「即身成仙」，相類似。密宗的經典中，還出現了諸如「青龍」、「白虎」、「泰山府君」、「司命」、「司祿」等道教諸神。這一切，想必都是援道入佛的表現。當然，佛教之援道入佛，只是把它作爲方便手段，絕不可能讓它凌駕於自己之上。

反過來，道教對於佛教，雖然長

唐武宗滅佛後遺物，山東牟平出土。

期堅持強硬的反對態度，但當結果證明要完全消滅和排斥佛教是不大可能的時候，或者當道士們看到佛教的教義並非毫不足取之後，他們也常常自覺不自覺地、暗地裡或公開地吸收和剽竊佛教的思想。例如，道教的《黃庭》、《元陽》、《靈寶》、《上清》等經，就在相當程度上是仿照或採擷佛教的《法華經》及《無量壽佛經》等經典。而在吸收佛教的義理和修行方法方面，北宋之後的「全真道」走得最遠。全真道一反傳統道教的注重符籙齋醮、仙草丹藥，強調反省心性、閉煉內修，與禪宗直探心源、強調明心見性的修行方法，遙相符契。全真道掌門人張伯端，曾提倡道禪合流，並且把佛教的「達本明性」之道看得比道教的「養命固形」之術更高妙，真是坦誠得可愛。佛道之間的相互滲透，還表現在有些道教徒也事佛敬僧。南朝道士陶弘景，「但逢眾僧，莫不禮拜，巖穴之內，悉安佛像……朝夕懺悔，恆讀佛經」。他究竟是道士，還是佛徒，實在很難分清。不

展現歷史上滅佛運動的史跡畫

唯陶弘景如此，南北朝時不少人都是佛道並重。南齊名士張融，就認為道與佛在根本思想上是一致的，並要人在他死後，讓他「左手執《孝經》、《老子》，右手執《法華經》」入殮。這就簡直是將儒釋道三教集於一身了。

果然，至唐宋之際，三教合流已成現實，連最頑固的道教分子，都在高唱「紅花白藕青荷葉，三教原來是一家」的口號。當然，無論佛教也好，道教也好，二者最終都沒有敵得過儒教。儒教憑借自己在各方面無可置疑的優勢地位，長期使佛道兩教（特別是佛教）感到很大的壓力，足夠使它們認識到自身必須作出改變，並漸漸把佛道二教的有關思想內容，納入自己的學說體系與思維模式中。至宋明時期，儒教基本上吞並掉佛道二教的思想鋒芒，建立起一個融儒釋道三教於一爐、以心性義理為綱骨的理學體系。從此，佛教表面上似不及隋唐以前興旺熾烈，但佛教的宗教精神與中國傳統文化得到進一步的糅合，潛移默化地深入到中國文化的中樞部分，同儒教相依為命了。

有趣的是，長期以來，佛教對儒教，就絲毫不敢得罪，為什麼儒教對佛教的這一姿態視而不見，仍常常同道士們站在一起，反對和排斥佛教呢？造成這種現象的主要原因，一是由於佛教是一種外來宗教，而儒教和道教同屬於本土固有文化，二是佛教與儒教在思想內容、思維方式上，存在著較大差別。關於儒教和佛教的區別，梁漱溟在《儒佛異同論》中，曾說過這樣一段話：「儒家從不離開人來說話，其立腳點是人的立腳點，說來說去，總還歸結到人身上，不在其外。佛家反之，他站在遠高於人的立場，總是超開來說話，更不復歸結到人身上——歸結到佛。前者屬世間法，後者則出世間法，其不同彰彰也。」梁先生的這一說法，頗得儒佛分野之要領。

但是，在考察佛教學說時，如果人們的視野不局限於印度佛教，而是把目光轉向中國佛教，很快就會發現這樣一個歷史事實——中國的佛教，特別是作為隋唐之後中國佛教主流的佛性理論，與印度佛教有著很大的不同。這種不同，主要

表現在隋唐之後中國佛性學說不像印度佛教那樣注重抽象的本體，而是逐漸與中國傳統文化一樣，大講人性和心性。這種變化，又導致另一個帶根本性的變化，即由傳統佛教注重出世得解脫，一改而爲入世得解脫，即世間求解脫。爲什麼會發生這樣大的轉變？如果從思想文化背景的角度說，作爲中國傳統文化基本點的儒教的人文主義、儒教的人性理論、儒教重現實和遠鬼神的思想風格，無疑是促成佛教（特則是禪宗）思想轉變的重要原因。

應當看到，指出儒教思想對佛教中國化的重大影響，這僅僅是儒佛相互關係中的一個方面。除此之外，儒佛關係還有另外一面，即自從佛教在中國站穩腳跟之後，特別到了隋唐，佛教與儒道鼎足而立，形成一股獨立的強大的社會思潮，它又經常反過來對儒教思想產生深刻的影響。這種影響，不僅表現在充實豐富了唐宋時期儒教學說的思想內容，更表現在相當程度上，改變了唐宋儒學的思維方式和修行方法。我們知道，唐代李翱的「復性論」及宋明理學的心性學說，就是

一種佛性化了的人性理論。這不奇怪，佛教與中國文化，總有某些相近或相通之處，這就能使二者或相互補充，或相互契合。別的不說，只說它如何塡補了當時的思想真空，慰藉了苦悶之中的中國士大夫們罷。對於中國士大夫階層來說，雖然經邦濟世一直是儒教爲他們規定的價值取向，士大夫們也始終以「祖述堯舜，憲章文武」作爲自己的人生目標，但在專制制度下，國家盛衰興亡多繫於聖斷獨裁的皇帝一人，他們至多不過是龐大官僚機

後人為紀念范縝在中國哲學史上的重要貢獻，在他的故里河南泌陽矗立起這尊彫像。

歷史上反佛最力的文人，除了南朝范縝，要算唐代的韓愈。他從儒家立場出發，認為佛教的流行，使國家「亂亡相繼」，對君王統治有害無益，應將所謂佛骨「付之有司，投諸水火，永絕根本，斷天下之疑，絕後世之惑」，並表示「佛如有靈，能作禍祟，凡有殃咎，宜加臣身」。因而招致唐憲宗盛怒，欲處其以極刑。後經裴度等說情，貶為潮州刺史。

器上的一個零件，絕不可能獨立有任何作為。其次，儒教世界觀給士大夫們描繪的是一個幸福和諧的大同世界，但現實社會卻不是這樣，充滿了爾虞我詐、你爭我奪、相互殘殺。在這種情況下，倘若中國士大夫只有入世的思想準備，沒有出世的精神逃路，只有積極進取的熱情，沒有消極退隱的可能，只有殺身成仁的義務，沒有保全天年的權

利，只有兼濟天下的責任，沒有獨善其身的自由，那他們就無法排遣心靈上的痛苦，還怎麼活呢？佛教正是在這些方面，可以給人以莫大的精神安慰。

還請注意，對於佛教中國化問題，不能單純從思想文化背景方面尋找原因。因為，從某種意義上說，思想文化背景的背景，乃是政治社會背景。下面，我們就試圖從政治社會背景的角度，進一步探討佛教中國化的有關問題。

中國古代社會的政治制度，有一個顯著的特點，即王權高於一切。所謂「普天之下，莫非王土，率土之濱，莫非王臣」，正是對古代中國王道政治的生動寫照。由於天下的一切，悉歸皇帝所有，皇帝對於臣僚百官、黎民百姓具有生殺予奪之權，自不待言，就連人們的思想，社會的意識形態，亦多在皇帝的掌握之中。一般來說，在古代中國，不管哪一種意識形態，如果它想得到發展，就必須為王道政治服務，取得統治階級乃至皇帝的支持。反之，如果一種意識形態，被統治者特別是皇帝所反對，那它的

生存就成問題。佛教作爲一種外來意識形態，自然更不例外。印度佛教對於王道政治，據說唯恐避之不遠。中國佛教，對此卻另有說法，認爲「佛法在世間，不離世間覺」，「一切世間產業，皆是諸法實相」。以這種理論爲根據，他們就可以大膽地走出山林，投身社會，乃至涉足官場，干預朝政。

翻撿史籍，如南朝劉宋時期的高僧慧琳，爲宋文帝劉裕所依重，勢傾一時，史書上竟有「黑衣宰相」之稱。後趙時期的名僧佛圖澄，被國主石勒尊爲「大和尚」，

軍機要事，皆聽其言。前秦時期的僧人道安，也是國主苻堅的政治顧問，有關征戰之事，常與他商量。據說，苻堅爲了得到另一位高僧鳩摩羅什，曾發兵七萬西征龜茲。此後，僧人干政代有其人，甚至連尼姑亦不甘寂寞。有位叫妙音的尼姑，就曾紅極一時，「門前有車馬日百餘乘」。不僅個別僧人如此，隋唐二代幾個影響較大的佛教宗

雲岡石窟20號窟露天大佛，據説完全依照北魏道武帝拓跋珪的面容雕造，連臉上腳上的黑痣，也相一致，以示「當今聖上即如來」。

北魏僧人法果，是當時佛教界「戒行精至」的名僧。據說，他每當語及皇帝時，便稱頌「太祖明睿好道，即是當今如來，沙門宜應盡禮」，並對人講「能弘道者，人主也，我非拜天子，乃是禮佛耳」。北宋初年，在皇帝要不要拜佛的問題上，名僧贊寧也主動說：「見（現）在佛不拜過去佛。」現在佛是指皇帝，這使得宋太祖（一說宋太宗）大為高興。

派，如天台宗、唯識宗、華嚴宗等，都帶有濃厚的政治色彩。天台宗創始人智顗，在南朝時與陳朝統治者的關係，就十分密切，陳宣帝稱他是「佛法雄傑。時匠所宗，訓兼道俗，國之所望」，並把他住地的一個縣的稅收割取大半，充當寺院費用。隋滅陳後，隋文帝立即下詔，勸智顗「以同朕心」。至隋煬帝時，智顗與楊廣更是書信頻繁，交往密切。智顗「每燒香咒願，必先國家」，口口聲聲「擁護大隋國主」，祝願隋朝「處處光新國界」，並爲楊廣授「菩薩戒」，使之成爲「總持菩薩」。楊廣則賜他以「智者」之尊號。唯識宗的創始人玄奘，與唐王朝的關係，也非同一般。玄奘從印度取經回國後，唐太宗即召喚玄奘「可即速來，與朕相見」，一見面則相見恨晚，認爲玄奘的才學「堪公輔之寄」，勸他歸俗輔政，只是由於玄奘未允，才敕造寺院，讓他主持譯經，並令「所須人物吏力」悉數「優給」。這一切，自然使玄奘十分感激，在往後的弘法活動中，他一面爲唐王朝祈禱祝福，一面特別爲李世民大唱贊歌，祝願他「重暉日月，合德乾坤，永御金輪，獨昌法界」。華嚴宗創始人法藏，與武則天關係尤深。法藏被武則天封作「賢首國師」，他便附會天降祥瑞，胡拉亂扯，爲武則天當政找理論根據。確實，中國佛教的政治色彩，在武則天稱帝上，表現得尤爲突出。武則

天之所以能改李唐爲武周，原因固然是多方面的，但她善於利用佛教及佛教對她的大力支持，是其中重要因素。

從以上大量事實，可以看出，中國佛教不像印度佛教那樣重出世、遠政治、強調超凡離俗，而是尋找各種理由，爲他們混世入俗、參與政治製造根據。需要指出的是，中國佛教的這種變化，並不意味著它已經不是佛教，而只能說它不是印度的佛教，但卻是實實在在的中國佛教。

或問，爲什麼會發生那樣大的變化？簡言之，中國佛教在僧事與人事的相互關係上，向來持這樣一種觀點——「法不自顯，弘之在人」。也就是說，佛法的能否興盛，關鍵在於弘揚佛法的人。那麼，佛法最應該由什麼人來弘揚？佛教徒們從歷史和現實的大量經驗教訓中，深深體會到「佛不自佛，唯王能興」，「不依國主，則法事難立」。既然如此，接近皇帝，溝通重臣，參與政治，就成爲弘揚佛法的一個必要條件。故而，在古代中國，那些「識時務」的佛教徒

們，對當朝天子直接奉送「當今如來」的稱謂，也不會感到多麼肉麻了。例如，北魏時期的和尙法果，雖是當時佛教界「戒行精至」的名僧，但每當語及皇帝時，便稱頌「太祖明睿好道，即是當今如來，沙門宜應盡禮」，並對人說「能弘道者，人主也，我非拜天子，乃是禮佛耳」。北宋初年，在皇帝要不

印度佛教對於王道政治，唯恐避之不遠。中國佛教則認爲「佛法在世間，不離世間覺」。以這種理論爲根據，他們就可以大膽地走出山林，投身社會，乃至涉足官場，干預朝政。如高僧慧琳爲宋文帝劉裕所重，史書上竟有「黑衣宰相」之稱；後趙名僧佛圖澄，被國主石勒尊爲「大和尙」，軍機要務，皆聽其言；前秦僧人道安，也是國主符堅的政治顧問，有關征戰之事，常與他商量。

四川廣元皇則寺石窟，「武后真容」石刻像，頗具人神兼備之氣。

要拜佛的問題上，名僧贊寧主動說「見（現）在佛不拜過去佛」。現在佛指的是皇帝，這使得宋太祖（一說是宋太宗）大為高興，「微笑而頷之，遂以為定制」。視皇帝為如來，把拜天子當作禮佛，現在佛不拜過去佛，這些伎倆倒不完全出自中國僧人喜歡巴結皇帝，乃是為保證佛教生存和發展的必然態度。而皇帝如何欽定各教，也並非純憑個人主觀好惡，同樣是由王道政治的需要所決定，即哪一種宗教更有利於維護王道政治，它便容易受到重視，哪一種宗教對王道政治貢獻更大，它就容易被擺在其它宗教之上。如唐代李世民，在與其兄李建成的奪位鬥爭中，道教助李世民，而佛教助李建成，李世民登極之後，便把道教擺在佛教前面。武則天，因佛教在她改唐為周的過程中立過大功，一稱帝便立佛在道之上。凡此種種，都說明皇帝對各宗教的態度，主要是由王道政治的需要決定的。

關於佛教與王權相互利用的關係，當然也可以換個角度去考察，即向來以超凡脫俗為標榜的佛教，本來是應該遠離政治的，而以孔孟

之道爲依據的王道政治，本來也應遠離佛法，但它們都沒有這樣做，中國佛教不但介入社會生活，而且經常參與政治，甚至勾結王臣干預朝政，中國的皇帝也很少因儒廢佛，倒是經常三教並重，有時甚至把佛教凌駕於道儒之上。此中之原因，是否可以這麼說：蓋由中國的社會歷史條件，使佛教不得不這樣，而佛教對王道政治，又確實有可資利用之處，這就造成了佛教與王權之間的微妙關係。

其實，從更深層面上去看，佛教對於王道政治的作用，不僅表現在能爲它作祈禱、唱贊歌，更表現在佛教能「佐教化」、「益國治」。中國古代王道政治，所依托的儒教文化，總以「內聖外王」爲最高境界，以「修齊治平」爲最終目標，而佛教則歷來以「煉心」、「治心」爲號召，以出世證涅槃爲目的，表面上看，二者似乎迥異其趣。實際上，儒教之「內聖外王」，也多重「正心」、「誠意」、「修身養性」，佛教之「煉心」、「治心」，也多倡不離世間，故二者常常遙相契合，殊途同歸。正因如此，在中國佛教史上，許多僧人有意把佛教的修行與王道教化聯繫起來，將佛教的「三覺」出諸《大學》的三綱，以「自覺」喻「明明德」，以「覺他」喻「親民」，以「覺行圓滿」喻「止於至善」，或以佛教「五戒」、「十善」說儒教「五常」，認爲「百家之鄉，十人持五戒，則十人淳謹矣，千室之邑，百人修十善，則百

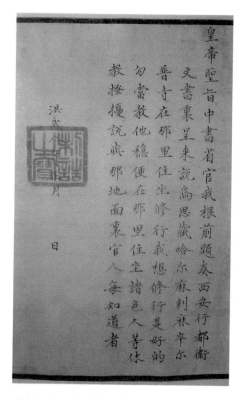

明太祖朱元璋聖旨一則，朱元璋自己當過和尚，所以才會說出「我想，修行是好的勾當」這樣親切的話來。

清順治帝福臨與來京入覲的達賴喇嘛晤談，別看順治帝年輕，又是滿人，論佛學造詣，不比他達賴差。

人和厚矣，傳此風訓，以遍宇內，編戶千萬，則仁人百萬矣」，還說「家家如此，則民無不治，國國行此，則兵戈無用」。說得明白一點，就是如果舉國信奉佛教，人人持五戒修十善，則皇帝可以「坐致太平」了。

所以，對於佛教與王道政治的相契合處，如何表現在佛教常「誘掖人心，輔助王化」，宋代僧人契嵩有一段精彩的論述：「儒佛者，聖人之教也。其所出雖不同，而同歸乎治。儒者，聖人之大有為者也；佛者，聖人之大無為者也。有為者以治世，無為者以治心……故治世者，非儒不可也，治出世者，非佛亦不可也。」佛教的這種以「治心」佐王化「治世」的作用，本質上是勸人看破紅塵、淡薄人生、放棄欲求、無思無念，目的是要人們安於現狀。故而，中國古代一些反對佛教的思想家，對此也

有所揭露，指出佛教的許多思想教義，是「怖之以地獄，使怯者寒心，誘之以天堂，使愚者虛企」。但是，這種使信徒「心如枯井」的治心術，這種把人變成無思無求的麻醉劑，對於歷代專制統治者來說，不正是非常需要的嗎？

另外，佛教之「有益國治」，還表現在一定的條件下，佛教對於鞏固邊疆有特殊作用。特別像蒙古、西藏這種全民信佛的地區，宗教問題處理得是否得當，往往關係到該地區的安定，及它與中央王朝的關係。因此，歷代帝王對蒙藏佛教問題，都持十分慎重的態度。以西藏為例，西藏人民對佛教的重要分枝喇嘛教的信仰，極為虔誠，對喇嘛教的領袖無限崇拜，以至西藏民間有句俗話──「天上的太陽月亮，地上的達賴班禪」。因此，對於達賴班禪的態度，往往成為解決西藏宗教乃至政治、社會問題的關鍵。元清兩代之皇族，由於本身也信奉喇嘛教，尚能尊重和優待達賴班禪，因而使西藏與中央王朝一直保持良好的關係。到了晚清，情況開始有了變化，由於朝廷在某些問

題上處理欠妥，輕視怠慢了達賴，加之某些外國勢力的拉攏，致使達賴終於「啓懷貳之心」，使西藏與中央王朝之間出現裂痕。此中教訓，應引為鑒戒。

最後，談談佛教在處理與外部關係的同時，如何實現自己內部的圓融。佛教傳入中國之初，是帶著印度各宗派的印記一起來的，這在第三章《宏願偉行》中，已有所介

乾隆帝弘曆從「有益國治」出發，對喇嘛教尤為禮遇，因為這牽扯到蒙古、西藏等全民信佛的邊遠地區與中央王朝的關係，對鞏固邊疆、統一國家有特殊意義。圖為乾隆帝身著佛裝像。

康熙帝於康熙五十二年（1713年）封五世班禪羅桑益希為「班禪額爾德尼」，並賜金冊金印，確立了班禪活佛轉世系統。此舉的目的，是為了提高班禪地位，使其與達賴共主藏傳佛教，以穩定西藏局勢。這是五世班禪轉錄的康熙帝諭旨。

紹。那麼，中國佛教內部又是如何走向圓融的呢？一個主要方式，就是每個宗派盡量將其它各宗各說網羅在自己的體系之內，找出它們與本宗本說的共通之處，又將其置於本宗本說屬下的一個層次，如此取得圓融的方式，稱之為「判教」。判教的活動，早在北魏時期就開始了。而處於中國佛教史較後期的天臺、華嚴二宗判教，最具代表性。天台宗的判教，稱之為「五時八

教」。華嚴宗的判教，稱之爲「五教十宗」。它們判教的依據和內容，均是在分殊之中理出構成統一整體的經緯，在一切眾生、一切佛法平等的基礎上，鋪砌出自以爲圓滿的絕對境界。故而，撇開裡面的宗教內容不談，僅就判教的外在形態來看，它與中土的大一統共存觀念，何其相似乃爾。印度佛教中，所未有過的判教（這也是印度佛教之所以衰絕的重要原因），到中國卻必然出現了，從其產生的方式和精神來講，只能是中國社會深層意識，在僧侶們頭腦中作用的結果。中國佛教圓融特性的顯露，也表現了它拋棄複雜教義、追求簡單統一的傾向。更重要的是，它爲佛教能夠沒有內亂之憂地融入中國傳統意識，擺好了姿態。

今人很愛把孔子、老子、釋迦牟尼組合到一起，視他們為中國傳統文化的三大支柱。

第十章

當機日新

——弘揚依然在閃光的東西

當機日新
——弘揚依然在閃光的東西

據說釋迦牟尼圓寂前，弟子們十分悲慟，不知師尊去後，自己怎麼辦。佛陀臨終遺言——「以法為師」。佛陀之偉大，正在於他不要人們崇拜自己的肉體，而是信仰他所闡示的真理。於是，佛陀雖然去世了，但他講的佛法，卻像車輪一樣，永遠運轉著。

釋迦牟尼盡管被看作佛祖蒞世，其肉身也僅在世上存活了八十年，故他生前不可能看到佛教後來如日中天、法輪常轉的美好光景，更未曾預見到佛法將澤披世界許多角落、信徒始終數以億萬計的宏大場面。然而，他留給後人的深邃智慧，他總結的人生態度，又的確要

輝光永駐，遲早得照徹人寰，並特別會影響到中國近兩千年來的社會生活。所以，有人也許要問，佛教在它的原產地印度都早已不復存在，在中國卻能如此生生不息，這奧秘究竟何在？在回顧佛教史上那句著名的以大法為醍醐的臨終囑咐之後，我們還會清楚地看到，佛教跨入中土的成功，雖說是中國社會本身為它提供了契機，但與其主觀努力，也很有關係。即它不但必然有著能被中國社會所容納所改造的因素，而且隨著佛教中國化的進程，它越來越注意如何使自己隨順世間，貼近現實，不斷更新其自身，以救治世道人心為己任，逐漸形成了諸如適應性、世俗性、調和性、簡易性等特點。

中國佛教如何具有很強的適應性，在前面各章中均有介紹。這既表現為它能通過比附、迎合、改造、創新、調和、融攝等途徑，去適應中國本土文化，更表現在它能

1954年，毛澤東在中南海宴請十四世達賴喇嘛（左）和十世班禪大師（右），對他們說：「信佛的人和我們共產黨人，在為眾生解除壓迫的痛苦這一點上，是相通的。」

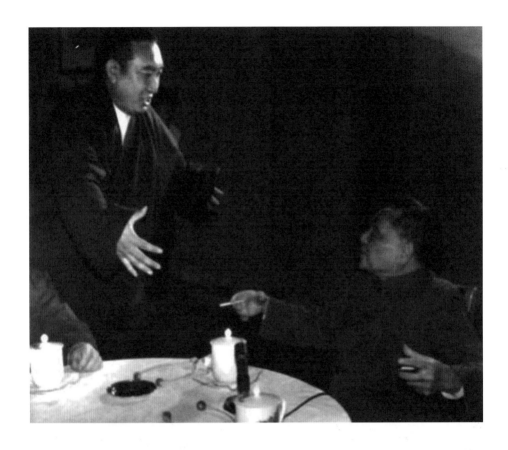

1982年6月，鄧小平與十世班禪晤談。

不斷適應中國特定的政治、經濟和社會制度。自秦漢以來，專制主義的中央集權，一直是中國政治制度的基本特點，皇帝掌握著至高無上的絕對政治權力，任何宗教，任何意識形態，都只能無條件地為皇權服務，決不能對抗或居於皇權之上。本來，印度佛教是嚴格區別佛說和王道的，但在中國，佛教卻主動去適應皇權統治的需要，有時對帝王的服從，甚至超過了對佛的崇敬。再者，傳統宗法制度，在中國古代社會有深厚的基礎，形成了一整套倫理關係的網絡。佛教為了適應中國的社會結構，依照世俗宗法傳承模式，也創立了一套法嗣制度。各個宗派的師徒關係，儼如父子關係，代代相傳，形成世襲的弘法系統。印度佛教禁止僧人從事生產勞動，完全依靠王公貴族、富商

大賈的佈施生活。而在以小農經濟
爲主的中國，佛教寺院創立了「一
日不作，一日不食」的農禪制度，
並且形成了實力雄厚的寺院經濟。
中國佛教的適應性特點，還表現爲
它能適應不同時代不同人的不同精
神需要。佛教傳入之初，它的信
徒，主要在士大夫階層中間。魏晉
名士崇尙清談，爲了適應他們說空
談玄的需要，佛教性空般若之學，
便被大量介紹起來。後來，長期的

社會動亂，使士大夫對現世生活失
去信心，有關佛性說的解脫思想，
就取而代之，成爲佛學主流。當佛
教自上而下逐漸走向民間的時候，
簡單易行的淨土信仰，又極其盛
行。中國佛教的適應性特點，既是
受到了中國政治、經濟和社會制度
的制約，不得不改變自己的本來面
貌，也是因爲佛教本身具有重視自

時任中共中央總書記、國家主席的江澤民，
向剛坐完床的十一世班禪敬獻哈達。

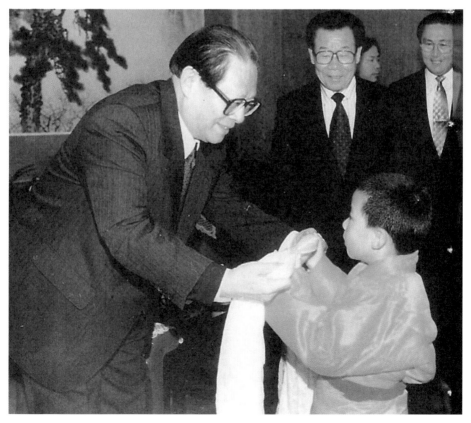

時任中共中央總書記、國家主席的胡錦濤，與十一世班禪交談。

我調節的「方便說」，允許採用各種方便法門，靈活引導眾生。

　　中國佛教，從某種意義上說，是一種世俗化的宗教。本來，印度佛教認為人生是苦，不值得留戀，應該從生死輪迴中解脫出來，後來，印度大乘佛教雖然也主張入世普度眾生，但這種思想在整個印度大乘佛教思想體系中，所佔地位並不重要。中國佛教，卻正是在這一點上加以發揮，從淡薄世間與出世間的界限，到不離世間求解脫，最後把出世之佛教完全變成世俗化的佛教。特別是中國禪宗，更是提倡

在日常生活中實現成佛理想，把佛教世俗化方向推到極致。毫無疑問，中國佛教的世俗性特點，主要根源於中國人傳統的實用理性思維。這種思維方式，對一味抽象思辯缺乏興趣，執著地在現實生活中安排自己的人生，也使人們十分重視人際關係的和諧穩定，而不可能捨棄固有的約束人際關係的倫理規範，不可能捨棄對現世社會的道德責任。

2011年7月22日，時任中共中央政治局常委、國家副主席的習近平，率中央代表團參觀日喀則扎什倫布寺。

前文已經指出，在中國儒道佛三種文化形態的關係中，可以說佛教最具調和性。關於這點，已無須贅述。

印度佛教傳入中國之初，在修行方法上繁瑣複雜，在教義理論上曖昧難明，在語言文字上晦澀詰屈，這很不合乎中國人崇尚簡易的習慣。因此，為了要在中國站住腳，佛教必須逐漸簡易化。在這方面，禪宗和淨土宗的弘揚，取得很好的效果。禪宗不講求累世修行，不追求繁冗的宗教儀式，完全否定

拉薩大昭寺金頂上的法輪雙鹿，象徵著佛祖
自鹿野苑初轉法輪以後，他的思想學說已永
世長存。

了印度佛教那套修行的階梯層次，是一種高度快速的成佛法。淨土宗更以「易行道」自詡，為一切凡夫俗子大開佛國的方便之門，雖然有違佛教原始教義，但因其簡便易行，廣泛流行於中國古代的窮鄉僻壤，滿足了那些沒有文化的底層民眾的信仰需要，使佛教的普及率大為提高。

在簡要介紹過中國佛教文化為適應中國社會需要而形成的基本特點之後，讓我們把目光拉近，去看看佛教在隋唐時期發展到鼎盛，宋明以後則漸趨衰頹，至清代漢傳佛教已氣息奄奄，處於典型的法門秋晚一蹶不振之中，何以到近代又出現轉機，乃至呈現一派復興的跡象，順便談談佛教在當代中國的情形。

眾所周知，近代中國遭遇了前所未有的劇烈震蕩。在伴隨著西方列強的堅船利炮同時而至的外來文化的巨大撞擊下，中國文化傳統的基本框架分崩離析，「我大清」的國本人心被嚴重動搖。當此連亡國滅種也迫在眉睫之際，圍繞著如何

拯救中國，在十九世紀末和二十世紀初維新與革命相繼演進的時代大潮中，諸如教育救國、實業救國、科學救國的思潮紛紛翻滾，宗教救國也不甘落後，佛教在其中扮演了重要角色。

最早從「天朝盛世」的迷夢中醒來，而深感屈辱和惶惑的中國人，這時逐漸意識到，仍滯留於中世紀的道教文化，已無力對近代文明的挑戰作出有力的回應，儒教文化由於同傳統統治思想太多地糾纏在一起，一時不易改造成啓發國人近代意識的工具，於是把目光投注

於也曾是外來文化、卻早就實現中國本土化、其因襲的重負比本土文化要少、故實現自身轉換的有利條件較多的佛教上。而佛教在近代中國的命運，較之儒教和道教來說，又的確是相對幸運的。它幾乎沒受到社會政治革命及其新文化思潮的衝擊和破壞，相反，正因近代中國社會政治革命的需要，才得以獲得

文革期間的荒唐場面，現在看來哭笑不得。孰不知佛教教義中，「建設人間淨土」的思想，「眾生平等」的主張，「報國家恩，報眾生恩」的願力，「諸惡莫作，眾善奉行」的原則，「廣學多聞，難學能學」的教誡，這些都和國家要求公民有理想、有道德、有文化、有紀律，有相通之處。

中國佛教協會駐地——北京廣濟寺

新的生命，從古代佛教發展為近代佛教。加之佛教所固有的某些切實之處，如「悲智雙修」可藥近人「智及而仁不能守」之病，「勇猛精進」可喚起萎靡不振的人心，「二諦三性」可破俗學的偏執，「華嚴無盡緣起」可廣世界觀，「四分五觀」可訂認識論，乃至禪宗的奮迅直截，一棒一喝……凡此等等，在如何才能摸到中國未來的路向，如何解答亂世中人的生存意義等問題上，當新的回答（人民革命）尚未出現，而舊的（修齊治平，安內攘外）已經褪色之際，乘著當時中國思想界嚴重存在的饑荒狀態，使佛教獲得重新表現的生存空間，一時竟煥發出異常眩目的光彩。

佛教在近代復興的標誌，主要表現在以下幾個方面——

一、刻經處的建立和佛書的印刷出版。刻經處，是近代編校、刻印、流通佛典的佛教文化機構。創始較早和貢獻較大的，為楊仁山居士在南京開辦的金陵刻經處。本

來,隨著佛教的衰落,到清末佛教典籍已散佚殆盡。楊仁山有鑒於此,當他信佛以後,即廣搜亡佚經典,刻印流通。在金陵刻經處的影響下,長沙、北京、天津、重慶、常州、蘇州、杭州、寧波、廣州、福州等地,也陸續成立了類似機構,刻經事業遍及全國各地,佛教典籍重新得到流傳。一九二九年,上海佛教界發起創辦了上海佛學書局,這是中國近代規模較大的一所專門編輯、刻印、流通佛學典籍的文化機構,設有流通、出版、翻印、代辦四部。此外,上海的佛書出版和流通機構,尚有功德林佛經流通處、世界佛教居士林佛經流通處、弘化社、大法輪書局、大雄書店、般若書局等。這些機構,均為佛教文化的復興,起到積極的促進作用。特別是大藏經的刻印,以及一系列佛學辭書的出版,如孫祖烈的《佛學小辭典》(一九一九年)、丁福保的《佛學大辭典》(一九二二年)、高觀廬的《實用佛學辭典》(一九三四年)、朱芾煌的《法相辭典》(一九三九年)、陳海量的《在家學佛要典》(一九四九年),更為近代佛教文

西藏雪頓節曬佛場面

1956年，中國佛學院開辦舊照。

化的復興奠定了基礎。

　　二、佛學院的創辦。佛學院，是近代培育僧伽和佛學人材的專門學校。戊戌政變後，各地辦起了不少僧學堂。一九○三年，湖南僧人笠雲在長沙開福寺創辦湖南僧學堂，是爲其先聲。接著，文希於揚州天寧寺設立普通僧學堂，月霞和諦閒在南京三藏殿舉辦江蘇僧師範學堂，開始用新的教育方法培育僧才。一九○七年，楊仁山又在金陵刻經處附設只洹精舍，又名「梵文學堂」，聚眾講學。自一九一四年起，月霞在上海、杭州、常熟等地連續舉辦華嚴大學，諦閒在寧波舉辦觀宗學社，楊仁山在高郵放生寺創立天臺學院（一九一九年），歐陽竟無在南京成立支那內學院

指導外國人如何拜佛

（一九二二年），太虛在武昌主辦武昌佛學院（一九二二年），常惺在安慶迎江寺主辦安徽僧學校（一九二二年），大勇在北京慈恩寺創辦藏文學院（一九二二年），常惺在廈門南普陀寺主辦閩南佛學院（一九二五年），宋培在鎮江超岸寺創辦玉山佛學院（一九二五年），靜波在常州清涼寺創辦清涼學院（一九二五年），清淨在北京主持三時學會（一九二七年），靄亭在鎮江竹林寺創辦竹林佛學院（一九二八年），九華山佛教會在九華山化城寺主辦九華山佛學院（一九二九年），臺源在北京柏林寺創辦柏林教理院（一九二九年），常惺在江蘇泰縣光孝寺創設光孝佛學研究社（一九三一年），寬道在普陀山法雨寺主持南海佛學院（一九三一年），虛雲在福州鼓山涌泉寺創立鼓山佛學院（一九三一年），太虛在重慶北碚縉雲寺創辦漢藏教理

院（一九三二年），慈舟在鼓山籌辦法界學院（一九三三年），淨嚴在河南開封鐵塔寺主辦開封佛學院（一九三四年），智光在鎮江焦山創立焦山佛學院（一九三四年），震華在上海玉佛寺創辦上海佛學院（一九四二年）。此外，還有北京廣濟寺的弘慈佛學院、法源寺的中華佛學院、瑞應寺的中國佛學院，上海靜安寺的佛教學院、法藏寺的佛學社、圓明講堂的楞嚴專宗學院，湖南寧鄉的潙山佛學院，浙江杭州的武林佛學院，江蘇蘇州的靈岩山佛學院，常州的天寧寺佛學院等。這些不同類型的佛學院，先後為各地培養了一大批僧伽和佛學研

中國佛教協會會長會議

金陵刻經處，是中國近代以來編校、刻印、流通佛典創始最早、貢獻最大的佛教文化機構。

究人材。

三、佛學刊物的發行。佛學刊物，指宣揚佛教文化、研討佛學義理的報章雜誌。在近代，佛學刊物遍及全國各地，不下數百種。其中，有日報、周刊、旬刊、半月刊，也有月刊、季刊和年刊。創辦最早的，爲狄楚青於一九一二年在上海創刊的《佛學叢報》和太虛於一九一三年在上海創刊的《佛教月報》。辦刊時間最長的，是太虛於一九二○年在杭州創刊的《海潮音》。學術價值最高的，當推歐陽竟無於一九二三年創刊的《內學》。

四、中外佛教文化的交流。近代以來，佛教界受到外來思想文化的影響，迫切要求吸取海外佛學研究成果，以促進國內佛學的進步。於是，他們效法歷史上高僧的求法精神，積極鼓勵青年僧人出國留學，考察和研習各國佛學。其中，以東渡日本求法者最多，從一九二二年至抗日戰爭爆發，先後有五、六批僧人前往。最早東渡日本留學的，是大勇和持松，他們於

一九二二年多聯袂東渡，入高野山密宗大學專修密法，後均得阿闍黎位。大勇於一九二三年十月回國後，在上海、杭州、武漢等地傳授密法，信眾頗多。持松於一九二四年春回國，上海、杭州、武漢等地的居士，紛紛迎請他傳法灌頂，盛極一時。此後，有顯蔭、曼殊、揭諦與王弘願、墨禪、談玄、天慧與仁性等相繼赴日，亦多學密法，回國時攜帶不少中國早已亡佚的有關密教的經籍和法物，在上海佛學書局作公開展覽。到印度求法的留學僧，有體參、岫廬、法舫、白慧等。體參於一九三一年去印度，入泰戈爾創辦的國際大學專攻梵文。岫廬於一九三六年赴印度，亦入國際大學學習巴利文。法舫和白慧於一九四一年入印度，在國際大學專究梵文、巴利文等。到錫蘭（今斯里蘭卡）留學的，有僧人唯幻、法周、慧松、唯實、了參和居士黃茂林等，以法周在錫蘭的時間最長。了參回國後，曾譯出南傳小乘經典《法句經》。黃茂林，不幸病逝於錫蘭。此外，尚有到緬甸留學的僧人達居、善觀等，到暹羅（今

中國佛協慶祝佛吉祥日法會

北京房山雲居寺保存的石經。

泰國）留學的僧人悲觀、等慈、性教、覺圓等。這些僧人和居士回國後，都從各個不同方面，對交流中外佛學思想作出了貢獻，爲中國佛教文化寶庫增添了新的內容。

五、漢藏佛教文化的溝通。從來漢地研究佛學，僅依據漢譯佛典。近代以來，一些佛教學者逐漸感到不足，開始重視對西藏佛學的介紹和藏文經典的研究，出版了一些有關著作。其中，專門介紹西藏佛教和佛學的著作，有李翊灼的《西藏佛教史》，芝峰的《西藏佛教》，懇覺的《西藏佛教源流考》，有關西藏佛教的論文就更多。同時，各地還建立起一批學習和研究西藏佛學的機構，如支那內學院、漢藏教理院、藏文學院和四川近慈寺譯經院。一九二二年，在南京創立的支那內學院，是以講學和刻經並重的機構，它一改過去僅就漢譯佛典進行研究的做法，倡導利用梵、藏、巴利文等各種文字的經藏資料，校勘漢譯經論，爲近代佛學研究開闢了新的途徑和領域，在學術研究上做出卓越成績。一九三二年，在重慶創立的漢藏教理院，特別注重藏文學習，曾編譯漢藏合璧教科書，設立康藏學習

班，十幾年中培養出許多漢藏佛學人材。一九二四年，在北京創辦的藏文學院，後改爲留藏學法團，成爲去西藏學法的團體，專究藏密。四川近慈寺譯經院，以刻印藏蒙文經典爲主，院內藏有不少蒙文藏文經版，並培育了一批譯經人材。這些人通曉法語、日語、英語和藏語、蒙語，所刻藏蒙文經論，豐富了近代佛教文化的寶庫，溝通了漢藏佛教文化。

佛教因此走出寺廟，由寂靜的山林進入了喧囂複雜的現實生活。

佛教之所以在近代能夠造就如此可觀的局面，當然還有些更深層次上的原因。如前所述，中國近代是一個維新和革命的時代，這個時代的中心問題，是「中國向何處去」的問題。爲了回答這個問題，當時的一些政治家和思想家，紛紛向各種思想領域（包括西方思想和中國傳統思想）尋找利器。其中，有些人就找到了佛學，認爲中國佛學中的「自尊」、「無畏」思想可以救中

趙樸初與啓功，中國二十世紀兩位佛教大居士。

趙樸初法書墨蹟

國，於是就提倡佛學，宣揚佛學，大力發展佛教文化。一生廣搜佛典、刻印流通的楊仁山，原先也是個為探求「列強立國之原」而兩度出使歐洲考察的人物，他一面對當時的維新運動深表同情，認為「不變法不能自存」，同時又認為「佛教濟世之方」可與「世間法相輔而行」，因而提倡佛教救世。維新派人物康有為、譚嗣同和梁啓超等，均曾以佛學思想作為他們鼓吹變法的理論武器，用以激勵人們去奮發圖強。康有為的《大同書》，譚嗣同的《仁學》，無不充滿佛學思想。特別是譚嗣同，動用佛學中的「無我」、「無畏」思想，企圖衝擊一下封建網羅，最後以「我自橫刀向天笑」的大無畏精神迎接犧牲，為維新運動譜寫了悲壯的一幕。梁啓超不僅在其重要理論著作中吸取了佛學思想，而且有專門著作《佛學研究十八篇》，認為佛教的「精義所在」，是「威力」、「奮迅」、「勇猛」、「大雄」，只有利用佛教的這種大無畏精神，才能陶冶出轟天震地、齊家治國平天下的人物。資產階級革命家章太炎的《五無論》和《建立宗教論》等，也都以佛學思想為基礎，認為搞革命必須「用宗教發起信心，增進國民的道德」，並根據佛教中「自貴其心，不依他力」的教義，提出了「依自不依他」、「勇猛無畏」和「排除生死」的思想。正是由於當時有些政治家和思想家，認為搞變法、搞革命可以從佛學中吸取精神力量，從而提倡和宣揚佛

學，才有力地推動了近代佛教文化的復興。

另外，近代以來，佛教界出現了一批知識階層出身的佛教居士。他們知識淵博，信仰虔誠，與政治界、實業界聯繫緊密，活動能力很強。這些居士，除組織各種各樣的弘法團體，從事傳教活動外，最大的貢獻是建立各種佛教文化教育機構，開展多種多樣的佛學研究。標誌近代中國佛教復興的一些著名佛教團體，如金陵刻經處、支那內學院、上海佛學書局、三時學會，以及世界佛教居士林、上海佛教淨業社、上海佛教青年會等，都是居士組織的團體。前面提到的爲數眾多的佛學刊物，大多數也是佛教居士創辦和編輯的。近代佛教界出版的一些佛學研究成果，有相當一部份，出自居士的手筆。一些社會慈善事業，如醫院和學校，也有相當一部份，是由居士創辦和管理的。特別是某些居士，他們弘教說法的目的，除了不使佛教衰落外，還想利用佛教中有利於救正人心、改造社會的內容，來教育大眾，轉變社

中國佛教協會現任會長一誠法師，在山東章丘蓮華山勝水禪寺視察。

前任中國佛教協會會長傳印法師（右）

會不良風氣。所有這一切，都表明佛教居士已成爲弘傳佛教文化的重要力量。

應當指出，過去中國人研究佛學，僅限於出家僧人和少數佛教居士，一般學者很少研究佛學。到了近代，情況有所變化，不僅僧人和居士繼續研究佛學，當時的一些著名學者，也競相研習佛學，並將佛學思想作爲自己建立理論體系的依據。如鄧伯誠、張克誠、許季平、梁漱溟、熊十力等，均先後在北京大學開講佛學，蔣維喬在東南大學講《百法明門論》，唐大圓、張化聲在武漢大學講《唯識三十頌》，景昌極、李證剛在東北大學講《唯識論》，梁啓超和王恩洋則分別在清華大學和成都大學講佛學。從此，佛學逐漸進入中國哲學史和思想史的研究領域，成爲其重要組成部份。

由於居士佛學和學者佛學的倚重點，更多地體現在「因緣國事」上，其地位和價值，也就更多地反映在政治、文化、思想等層面。在他們當中，有些人甚至是政治界、經濟界、知識界的領袖，如國民黨元老中的林森、居正、熊希齡，北洋政府中的交通總長葉恭綽、鐵路督長葘若木、財政部廳長徐文蔚，實業家有張季直、王一亭等，知識

界人數更多，如楊文會、夏普佑、豐子愷、夏丏尊、謝無量……他們以自己政治、經濟、知識的實力支持佛教活動，使許多計劃得以實現。而他們的思想旨趣，又大都如楊文會所言：自覺家居與庵居無異，勸人學佛，而不勸人出家。當然，也由於他們的思想文化背景不同，造成了近代居士佛學和學者佛學的腔調各異。他們的理論，往往集合了儒道佛以及西洋各家思想，但又因其共同的信仰和興趣，顯然把佛教置於其它各家思想之上。因此，這就絕不是古代佛教的簡單重復，而是伴隨著文化新潮和西學傳入，在相當程度上糅和了新學與西學的某些內容和方法，有著近代佛學的文化形式和思想風采。他們實際上是在爲中國人鍛造應時救世的精神武器，那就必然要從社會文化、人生意義的問題上，來理解並接納佛教觀念，從而使中國近代佛教具有了較高的文化水準和知識境界，也使人們的佛教信仰，逐步趨向知識化、理性化的途徑。

海南三亞「南山海上觀音」，身高一百零八公尺，面相慈悲莊嚴，衣袂飄然似舉，猶如踏海而來，欲度眾生脫離苦厄，佛義殊勝，佛蘊豐厚，令人一見即生崇敬之心，堪稱世界級世紀級的佛事工程。

無錫靈山大佛開光典禮

　　必須指出，中國近代佛教的復興，主要可以說是唯識學的復興。佛家唯識宗自唐代玄奘、窺基以後，因其是道道地地的印度文化，從思維方式到概念術語均是印度式樣，不合中國人的口味，在中國社會已沉寂了千餘年。同時，禪宗繼唯識而興盛，也在另一面促成了唯識宗的衰絕。然而，至明清之際，禪宗末流已發展到僅知參話頭、背公案、陳陳相因、自欺欺人、相當可厭的困頓局面。所以，中國近代佛教的復興，絕不能始自禪宗，必須從適宜近代中國思想文化發展主潮的其它宗門，去尋覓突破。恰好這時，以復興佛教為己任的楊文會，從日本學僧南條文雄處，獲取在中土久已失傳的唯識宗典籍，發現唯識宗本身所具有的強調思辯、注重名相分析等理論特徵，有可能對中國哲學的近代化起到某種媒介作用，便在金陵刻經處刻印發佈。果然，這立即引起知識界的濃厚興趣。

　　大體上說來，中國近代佛教復興思潮，經歷了救世（以康有為為代表）、救心（由章太炎肇始）

以及哲學總結（熊十力集其大成）這麼三個階段，時間上則是從十九世紀末期經由本世紀二十年代延至四十年代。其實，仔細分析該思潮的發展軌跡，就不難發現整個思潮的聚成、湧動和歇息，其源泉和動力，似乎並不來自佛教及佛教徒本身，更非出自真正宗教信仰的需要，起決定作用的，是這復興思潮的社會政治背景，並正是這種背景，在以一隻無形的手，撥弄著潮頭。前面講過，康有為、譚嗣同以及梁啓超，對於佛教的態度極為明確，因佛教有助於政治變法。這誠如梁啓超所言，此乃「應用佛學」也。章太炎悲憤於戊戌變法的失敗和譚嗣同所著《仁學》的駁雜，以為變法失敗完全在於黨人的不道德所致，所以他要以佛教來發起信心，增進道德，於是有「依自不依他」的思想探索，逐漸把以經時救世為己任的「應用佛學」，轉向救治世人心靈的層面。辛亥革命前，佛教依然披上革命的袈裟，出現在早期資產階級革命家的言論中。辛亥革命後，南京臨時政府剛成立，僧人宗仰即發表《佛教進行商榷書》，宣稱「儒釋同源，本無二致……近始揭示教育，啓發國民，二氏百家，共趨一的……」。他的主張，得到了孫中山的贊同與支持，旋即建立了中華佛教總會。該會章程明確規定：「本會係中華民國全體僧界共同組織」，「本會統一佛教，闡揚法化，以促進人群道德、完全國民幸福為宗旨」。一時間，各省紛紛成立分會。以至有這樣非常自信的預測——「佛教者，中華民國唯一之國粹也，中華民國特別之學術也，中華民國無上之靈魂也」，真是雄心勃勃，頗有普披年輕的共和國之勢。當辛亥革命的果實被袁世凱竊取後，各種新學只能偃旗息鼓，宣告退卻。佛教思潮，也不得不隨之轉向，折入文化思想領域，以佛教玄理來解釋多變無常的世界。但正是在此之後，佛教才得到了文化教育界、學術思想界各方人士的關注，大量見諸於報刊雜誌，進入大學文科講堂，文人學士也多讀佛經，佛學一時成為知識界的「顯學」。

有必要再次指出，中國近代佛教的復興，乃是以唯識宗的發展作

十世班禪大師在西藏說法

為其主要內容和運動過程，故就其本質來說，這是哲學的宗教，知識分子的宗教，而非芸芸眾生世間有情的宗教。關於它的學問和思想，依然還是顯得太抽象了，哲學味兒太濃了。而精細的邏輯和認識論，並非當時中國人最關切的問題，近代中國最重要的問題，只能是救亡圖存。再者，就佛教界本身來看，也不是一個穩定的社會階層，其作為復興過程的主體和領導者，也就很難將此復興過程穩定化、深刻化並長期化。你看，對於佛教，政治家在於為我所用，實業家在於積善修德，文化界人士限於書齋，市民百姓則講求祈福消災，佛教徒們也有各自的私利。如此渙散軟弱，無論如何是形不成開拓時代或左右時代的強大精神力量的。因此，近代佛教的社會背景、社會載體等條件，都決定了它只能是潮起即潮落的過程，一個浪頭掀來，可以使人興奮一時，潮頭一過，它又只能歸於寂然。

自五四新文化運動開始，中國近代文化思想的大趨勢，便具有明顯的反宗教的傾向。這種時代特徵，也決定了佛學思潮難以再成為主流。陳獨秀提出「以科學代宗

教」，對佛教尤其存在偏見，認爲「印度諸佛，悉以現象爲妄覺，以梵天真如爲主體」，從而「薄現實而趣空觀，厭倦偷安，人治退化」，主張接受基督教。幾乎與此同時，蔡元培提出「以美育代宗教」。蔡元培曾留學德國，深受康德「美感之教育」的影響，不信仰任何宗教。他提出「以美育代宗教」的原因有二：一是部份留學生一再倡議在中國傳播基督教，作爲向西方學習之先導；二是他看到了佛教復興的趨勢，痛感到佛學雖博大精微，國人不能將其消化，以至淪爲迷信崇拜。在他看來，美育是自由的，宗教是強制的，美育是進步的，宗教是保守的，美育是普及的，宗教是有界的。很明顯，蔡元培的主張，混合了他個人的美育觀念、達爾文的進化思想以及與宗教隔離的傾向，同時也發覺到尋覓一種宗教代用品的需要。無政府主義者劉師培，尤其強調科學，認爲不應該接受與科學相反的宗教。自由主義者胡適，提出他的「社會不朽」的理論，意在以之取代宗教，他認爲世上絕無靈魂不朽之事，那

地藏菩薩銅像，新近在安徽九華山落成。

佛教與構建和諧社會「高僧座談會」。

些替人謀求死後要去天堂淨土的宗教，乃是誘惑人自私自利的宗教。至於一九二一年少年中國學會所舉辦的一系列宗教問題講演，則是這類反宗教文化傾向的集中表現，其主要思想，仍是宗教與科學的不相容。李石曾認爲，科學已把宗教驅逐到迷信的王國裡去，王星拱詆斥宗教的天命論，指責宗教抑制了人類的進步與探究精神，李璜則指出，靈魂不朽與信仰天國是社會進步的障礙，強調人們需在世界觀的改進上多做努力。這些，正體現了少年中國學會的宗旨——「本科學的精神，爲社會的活動，以創造少年中國」。

處在這種思想背景中，包括佛教在內的宗教，是幾無立足之地的。難怪此時梁漱溟在北大講授印度哲學與唯識論，頗感冷淡與清寂，而爭名好勝的欲望，終究迫使他要棄佛逃儒了，而且這時，他雖然認爲宗教乃是人類未來所能走的一條路向，但在今日卻甚不相宜。你看，是政治的劇變、社會的動蕩與文化的遷易，產生了近代知識分子對於佛家唯識宗的需要，同樣也是由於後來劇變的政治、動蕩的社會與正在遷易的文化，又逐步吞噬淹沒了這種需要。確實，用功利的眼光來看，必然會使人們認爲，印度之衰滅，正是由於佛教發達的緣故，因此欲使中國強盛，當使佛教絕跡於中土。也正因爲這樣，才會

有章太炎不爲革命黨人理解，梁漱溟在北大感到壓抑，太虛的佛教改革運動最後失敗，熊十力感慨茫茫斯世知我者希，同時還有蘇曼殊亦僧亦俗的驚俗駭僧，李叔同出家之震動社會……其實，這也難怪，近代救亡圖存的時代任務，很容易使人懷疑佛家「有乖於救國之術」。相對於西方科技所造成的聲光化電、堅船利炮來說，唯識學說的理性思辯和嚴謹的邏輯，其可安心立命的價值，是微不足道的，連一般學者都無法了悟個中三味，難怪許多國人要嗤之爲迷信和落後。所以，盡管近代佛教在變法維新前後，以「應用佛學」的形式構成一股思潮，盡管有一批知識分子，被佛家唯識宗的知識旨趣所吸引，佛教思潮也只能活動和運轉在中國近代社會政治的縫隙之中，依附在近代哲學的發展線索上，才得以維繫其命脈。

一九四九年，中華人民共和國成立後，倒確實給佛教帶來了新的機運。一九五三年，中國佛教協會成立，標誌著佛教在中國再次復興。過去，中國佛教界總是處於一盤散沙狀態，不僅漢傳佛教、藏傳佛教和雲南上座部佛教這三大語系佛教之間，很少交流往來，就是同一語系的佛教內部不同宗派之間，也沒有真正統一起來過。中國佛教協會的成立，使各民族佛教徒坐到一起，共商振興佛教大業，這是從未有過的事，是中國佛教史上的一個新的開端。

當代中國的佛教領袖、前中國佛教協會會長趙樸初，大力提倡「人間佛教」的思想，指出佛法源出於人間，更要造福於人間，這已日漸成爲中國佛教徒的行動指南。中國佛教協會，還倡導「莊嚴國土、利樂有情」，「莊嚴國土」對國家是有好處的，「利樂有情」對社會也是有好處的。

現在，在中國，歷史上有名的佛教寺院，都被不同程度地做過修繕或重建，一批著名的佛教遺址和石窟，也得到了保護。禪宗祖庭少林寺，於一九二八年在軍閥混戰中被焚，千年古刹成爲瓦礫，佛教最初傳入中土的象徵——洛陽白馬寺，曾一度成爲軍營，華北名寺北京房山雲居寺，在本世紀四十年代

來華皈依佛門的歐洲洋尼姑

日寇的炮火下徹底轟坍……經過中國政府的特別關注和佛教徒的努力，新建的少林寺早已重新屹立在嵩山腳下，白馬寺又復成為清淨的道場，雲居寺重建後成為保存歷代佛經版刻的中心。宏偉壯麗的西藏拉薩布達拉宮，自創立以後，就沒有全面修繕。一九八八年，中國政府撥巨資重修布達拉宮，清除歷代積留的垃圾數萬噸，各種建築全部塗金油彩。另一座西藏佛教史上最早的寺院——桑耶寺，也得到全面整修，重新煥發出昔日的光彩。

處於雲南西雙版納的總佛寺，是中國上座部佛教最高級別的寺院。一九九〇年重建後的總佛寺，建築面積增加，佛殿用鋼筋混凝土澆鑄。中國不僅為保護寺院作出了努力，還新建了一批當代著名的佛教景點。位於香港大嶼山木魚峰上的天壇大佛，一九八六年開始動工，一九九三年建成。整個大佛底座，按北京天壇形式設計，分三層，第一層為面積二千一百二十四平方公尺的功德堂，第二層為面積七百七十平方公尺的展覽廳，第三層為面積四百三十平方公尺的紀念堂，其上為高達二十六點四公尺

的露天銅佛像。已成爲香港繁榮穩定的象徵。就是在古來無寺的海南島，以及新建城市深圳，也都開始有了佛寺。

在當今改革開放的形勢下，中國佛教界廣開渠道，創辦各種有益於社會的服務性活動，既方便了香客和遊客，又增加了寺院的收入，擴大了佛教的影響。各地佛教徒，更發揚佛陀慈悲救世的精神，努力踐履「發菩提心，行菩薩道」的人間佛教宗旨，紛紛爲各種慈善事業和資生福利事業盡力。上海著名僧人明暘法師，代表圓明講堂和龍華寺，向當地教育基金會、傷殘兒童福利基金會、災區人民和希望工程捐款近一百萬元。玉佛寺方丈真禪法師，除代表本寺爲慈善事業捐款達五百萬元外，還設立「真禪法師

殘疾兒童福利基金會」，擔任上海市兒童福利院名譽院長。中國佛教界，爲當代中國慈善事業所做的貢獻，受到了各界好評。

當代中國的佛學研究，也正處於歷史上最繁榮時期。佛學研究，早已是社會科學的重要分枝，各種刊物不下上百種，著作論文無計其數。五十年代創辦的中國佛學院，後來創辦的藏學院，爲中國培養了大批高級佛教人才。在此基礎上，對外交流也在加強。一九五六年，中國珍藏的佛牙首次送緬甸展出，一九六一年，又送往斯里蘭卡，供信徒瞻仰。一九八七年五月，陝西扶風法門寺唐代佛舍利出土，全世界佛教徒爲之歡呼。一九九四年，

第二屆上座部佛教(小乘佛教)工作會議召開

中國佛教協會舉辦佛教生命觀研討會

佛舍利被送往泰國展出，進一步密切了兩國佛教界的友好關係。如今，中國佛教界已經與世界各國佛教界建立了廣泛的聯繫，日本、韓國的佛教徒相繼來中國朝拜祖庭，中國佛教界人士也頻頻出訪。中國佛教界，還與其它宗教界人士一道，為世界和平事業做出不懈的努力，舉辦祈禱世界和平法會，參加世界宗教和平大會，呼吁保護環境和生態平衡，為增進與各國人民的友誼作出貢獻。

總之，存在了近兩千年的中國佛教，擁有內容豐富絢麗多姿的文化遺產。因此，對於佛教在中國傳統文化中的地位，及其在社會主義新文化建設中的作用問題，如果能夠實事求是地加以研究和總結，做出正確的評價，就會發現，人類文化發展是一個連續不斷的過程，傳統文化與現代文化不可能完全割斷。直至當代，世界上還有三分之二以上的人，在信仰各類宗教，大眾文化的研究脫離了宗教，簡直不可想像。那麼，站在今天的立場，究竟應當怎樣看待佛教的地位和作用呢？筆者考慮再三，想用這麼幾句話加以概括，作為本書的結語——佛教可以是一門淨化人心的學問，佛法其實有益於眾生，世人未必離得開法乳的滋養，特別是在潛意識中。當今社會猛進，形態多元，日新月異，我們這個需要重新啓蒙的民族，正走向全面現代化。實際上，中

第三次中韓日佛教友好交流會議，在日本舉行。

國現代化的進程，既要求根本改變政治、經濟、文化的傳統面貌，又仍然需要保持傳統中有生命力的合理成份。沒有後者，前者不可能成功，沒有前者，後者將成為枷鎖。

整理與弘揚中國佛文化中那些今天依然在閃光的東西，不正是為了這目的嗎？

中國國家圖書館與法鼓佛教學院學術合作簽字儀式

從法門寺地宮請出佛祖指骨舍利的那一刻，全世界佛教徒為之歡呼。所謂「舍利」，顯然是後世對佛骨的神化。但由於釋迦牟尼辭世，佛教徒們無法再向佛祖的真身頂禮膜拜，便轉向佛的遺骨致意，猶如佛即在此。

法門寺地宮所出唐代佛事文物之一

佛祖影骨

法門寺地宮所出唐代佛事文物之二

法門寺地宮所出唐代佛事文物之三

金瓶掣簽,將最終確定達賴喇嘛轉世人選。

法門寺地宮內,不僅發現沉睡1113年之久的佛祖指骨舍利,還有李唐王朝用以供佛的數千件絕代珍寶。這批文物包括:一百二十一件(組)金銀玉器,首次發現的唐皇室秘色瓷系列,來自古羅馬等地的琉璃器皿,上千件薈萃唐代絲織工藝極致的絲(金)織物,如武則天的繡裙等。其數量之多,品類之繁,等級之高,保存之好,令人咋舌。

1987年，十世班禪大師率中國佛教代表團，赴藍毗尼瞻禮釋迦牟尼佛。據新華社報導，當天風和日麗，晴空萬里，當他向佛母摩耶夫人石像敬獻哈達時，石像腋下竟滲出甘露。

佛門講「菩薩心腸，霹靂手段」。大黑天是西藏最為人所熟知的保護神。據說，它曾被觀音馴服過，有時又被看作菩薩的忿怒身，通常作為戰神形象出現。

明代文殊菩薩銅像

藏傳佛教密宗法器金剛鈴杵，象徵著佛陀的空性和智慧，左手持鈴代表陰性，右手持杵代表陽性。其象徵意義，反映了密宗金剛乘的陰陽二化概念，有令人驚覺和警悟之意。

空行母在密宗裡,是代
表智慧與力量的空中飛
行的女神,藏族信眾很
看重它。

位於紫禁城內廷西部的雨花閣，是宮內最重要也最大的佛教殿堂，每年在此舉行的佛事活動繁多。

《乾隆帝寫經像》。乾隆帝數十年間傾心佛學研習，平日常以寫經自修，使他對藏傳佛教的全部精義，幾乎都有相當深入的瞭解。這是乾隆帝年輕時在貝葉上提筆寫經的畫面。

《六世班禪俗裝像》唐卡。六世班禪坐在雕龍扶手寶座上，胸前還掛著朝珠，儼然一副清廷王公貴族的形象，體現了班禪與清廷關係密切，以及乾隆帝對西藏宗教領袖逾越常規的敬重。

清乾隆四十五年（1780年）八月初七日，前來慶賀乾隆帝七十壽辰的六世班禪，在熱河避暑山莊開壇說法，並進獻這件《白文殊菩薩》唐卡。

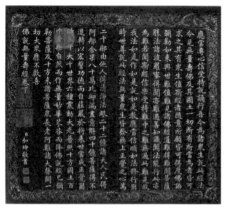

清代乾隆朝大學士和珅手書《無量壽經》

清代，各級官員知道乾隆帝有寫經文的習慣，紛紛獻上一些具有特殊意義的寫經材料。圖為在兩廣總督楊廷璋進獻的廣州光孝寺千年菩提樹葉上，乾隆帝書寫的《般若波羅蜜多心經》，並於卷首墨繪觀音大士坐像，卷尾繪韋馱像。

三世章嘉呼圖克圖茄貝多吉像。此人為清乾隆朝的民族宗教事務顧問，為大清邊疆鞏固和民族宗教政策的推行，立下汗馬功勞，深得乾隆帝的信任與尊重。乾隆五十一年（1786年）四月初二日圓寂在五臺山，乾隆帝為表示對他一生功績的緬懷與褒獎，命宮廷匠師以銀間鍍金，精心塑造了此法像，供奉于宮中佛堂。

四臂般若佛母坐像，是八世達賴喇嘛于清乾隆四十二年（1777年）呈進給乾隆帝的禮品。

敦煌壁畫中的伎樂天

莫高窟壁畫中的觀音菩薩

俊俏嫵媚的山西太原晉祠宋代泥塑

莫高窟泥塑彩繪菩薩造像

羅刹乖張

淨土宗在修行方法上，最為簡單易行，不需要經過累世修行，不需要閱讀深奧繁瑣汗牛充棟的經籍典章，據說只須隨時口誦阿彌陀佛名號，就能橫超三世，往生極樂世界。因此，這一宗派特別受人歡迎，尤其是社會下層民眾的歡迎。

江蘇揚州高旻寺

峨眉山報國寺至伏虎寺之間的布金林，為峨眉山四大禪林之一，系清代僧人寂玩和尚依《大乘經》全文，一字一株植樹成林，計十萬九千餘株。現在，這裡早已楠木森森，古柏遮天，苔蘚如毯覆地，佛氣氤氳，似乎置身其間，便可心生佛緣。其實，植樹造林是所有寺院的愛好，以至凡有寺院之處，便可見綠樹掩映。

天下名山僧占多——這句話，道出了中國佛教文化在地理分佈上的特色。其實，不入名山，也可處處見到寺塔高聳的梵宇琳宮，妙相莊嚴的法堂寶殿。它們是那樣惹人矚目，無不以其似乎功濟大千、惠流塵境的伽藍浮圖氣息，顯示著只有在華夏土地上才會出現的佛國氣象。

古代士子喜愛借寓寺院讀書，因為寺院環境清幽，藏書豐富，當時高僧又多為碩學之士。元雜劇《西廂記》裡的書生張珙，不正是因往普救寺讀書邂逅崔鶯鶯，才惹出那場千古風流韻事來麼？

西安城南二十公里處的興教寺，為玄奘法師及其弟子圓測和窺基遺骨安葬地。「興教」二字，乃唐肅宗李亨御筆。

青海湟中塔爾寺

元代開始修建過街塔，顯然是受到佛教修行簡單化的影響，使人們每從這兒過一次，似乎就能向佛頂禮一次。

浙江舟山普陀山法雨寺大殿

浙江寧波保國寺

山西大同善化寺

雲南上座部小乘佛教筍塔群

廣州光孝寺六祖慧能髮塔

北京房山雲居寺遼代磚塔

鎮江金山寺中冷泉、杭州西湖虎跑泉、無錫惠山寺石泉、蘇州虎丘寺石泉、北京玉泉山玉泉、上饒廣教寺陸羽泉、濟南趵突泉、廬山穀簾泉……古代天下名泉，幾乎全為寺僧所掘。

浙江杭州六合塔

寧夏青銅峽百八塔

廣東韶關南華禪寺，六祖慧能弘揚南宗禪法的發源地。

河北趙州柏林寺，禪門臨濟宗祖庭。

這哪裡是修行，是在休閒罷

少林歷來強調禪武合一，這大概是世界上所有宗教都沒有的獨門絕技。

在佛家看來，魚在水中都睜著眼睛，才能保持清醒，故在寺院內放置木魚，敲之以醒人腦。

茶葉在中國，最早是作為藥物用的，所以遍翻秦漢以前的典籍，找不到一句有關飲茶的記錄。南北朝時，隨著佛教的興起，才產生飲茶之風。特別是唐代以後，禪宗日盛，更使飲茶習俗風行天下。佛教寺院提倡飲茶，也生產茶葉。許多寺院都設有茶場，許多名茶最初都產於寺院，如碧螺春，原名「水月茶」，原產于蘇州洞庭山水月院，福建烏龍茶，也以武夷寺僧種植的最佳。

佛教的內省思維方式，講究邏輯性，長於聯想和幻想，大有利於開發人的內心世界。包括中國人在內的東方人，之所以具有思維縝密、感情細膩、想像力豐富等特點，不能說沒受到佛教文化影響。

每逢佛誕日，傣家人都要全民歡度潑水節，給釋迦牟尼洗洗澡。

人們現在外出旅遊，經常處於這樣的真實與虛幻之間。佛教的確很會營構某些規定意境，讓你不知身在何處，今夕何年。

佛教信仰在中國，其實很自由。因為大家早已認識到，佛教可以是一門淨化人心的學問，世人未必離得開法乳的滋養。

青海塔爾寺的酥油花，一年一度美麗綻放，是喇嘛教禮佛的重要供品。

騎象的普賢菩薩，與文殊菩薩、觀音菩薩、
地藏菩薩同為中國佛教四大菩薩。普賢菩薩
象徵理德行德，與文殊菩薩的智德正德相對
應，為婆娑世界釋迦牟尼佛的左右脅侍，稱
為「華嚴三聖」。

法相莊嚴的五方佛

文殊菩薩的形像，通常是手持慧劍騎乘獅
子，譬喻以智慧利劍斬斷煩惱，以獅吼威風
震懾魔邪。

上樂金剛擁抱佛母像，表情似喜非喜，似怒
非怒，十分生動，耐人尋味。

菩薩與力士

瑪尼輪，祈禱用的法器，狀如小桶，中間有軸，內裝紙印經文，祈禱時執在手中轉動，口唸
六字真言，以示對佛的稱頌。但這件用這麼貴重材料製成的瑪尼輪，想必是皇家用品。

國家圖書館出版品預行編目(CIP)資料

如是說佛：它是宗教,也是文明 / 張曉生著.
-- 第一版. -- 臺北市 ： 風格司藝術創作坊,2014.12
面 ； 公分. --（歷史群像；10）

ISBN 978-986-6330-83-4(平裝)

1.佛教修持

225.7   103025107

歷史群像 10　如是說佛──它是宗教，也是文明

作　　者：張曉生著

責任編輯：苗龍

發 行 人：謝俊龍

出　　版：風格司藝術創作坊

　　　　　106 台北市大安區安居街 118 巷 17 號

　　　　　Tel：（02）8732-0530　Fax：（02）8732-0531

總 經 銷：紅螞蟻圖書有限公司

　　　　　Tel：（02）2795-3656 Fax：（02）2795-4100

　　　　　地址：台北市內湖區舊宗路二段121巷19號

　　　　　http://www.e-redant.com

出版日期：2014 年 12 月　第一版第一刷

訂　　價：~~420 元~~
　　　　　380 元

※本書如有缺頁、製幀錯誤，請寄回更換※

ISBN 978-986-6330-83-4　　　　　　　　　Printed inTaiwan